大転換

パラダイム・シフト

世界を読み解く

榊原英資

藤原書店

大転換《パラダイム・シフト》　目次

パラダイム・シフト
大転換

世界を読み解く

カバーデザイン・作間順子

序　世界と日本

世界史と日本史の融合

日本の歴史教育の最大の問題は、世界史と日本史が別々の教科書で別々の教師によって教えられていることであろう。たしかに日本はユーラシア大陸の縁辺にあり、歴史上一度も他民族に征服されたことがないというユニークな特質を持った国ではあるが、中国・韓国を始め、世界との交流のなかで、その歴史を形成してきたという意味では他の国と変わらない。しかも、世界史と呼ばれるものの内容がほとんど西洋史なので、日本との交流は明治時代まではあまり密でない。

川勝平太によると、この歴史の縦割りは明治の帝国大学の史学科創設に遡《さかのぼ》る（高橋義夫・川勝平太・大石慎三郎・紀田順一郎『世紀末経済・歴史家の意見！』ダイヤモンド社、一九九六年、三一九―三二〇頁）。一八八七年、帝大の史学科でドイツの歴史家ルードリッヒ・リースが「世界史」を講義したが、これは当然、西洋史だった。一八八九年にはこの「世界史・西洋史」には含まれない日本を扱う「国史」が設置され、一九一〇年には漢籍を扱う「東洋史」ができた。西洋史・日本史・東洋史のタコ壺的歴史学である。

その後、多少の修正は加えられたものの、基本的には縦割りの歴史教育・歴史認識は今日に到るまで大きくは変わってきていない。しかし、世界を知らずして日本は語れないし、また、日本を知らずして世界を語っても、日本人としては視点がぼけてしまう。しかし、我国には日本を知らない「外務省」的インターナショナリストや世界を知らない視野狭窄のナショナリストがかなりの数存在する。最近、松岡正剛などが世界のなかに日本を位置づける議論を展開し始めているが（松岡正剛『17歳のための世界と日本の見方』春秋社、二〇〇六年）、世界史と日本史を融合して、世界と日本を語ることがもっと広範に行われてしかるべきであろう。

グローバリゼーションとは何か

いわゆるグローバリゼーションについても同じような誤解がある。世界と日本を一体化したものととらえず、世界と日本は別のものだとするので、グローバリゼーションとは、世界に、つまりグローバルなものに日本があわせるということになるのだ。極端な場合には、グローバリゼーションをアメリカニゼーションと同一視し、グローバリゼーションとは日本をアメリカ化することになってしまうわけだ。いわゆる小泉・竹中改革にはこうした傾向が顕著に見られたのは衆知の通りである。

しかし、世界と日本が渾然一体のものだとするならば、グローバリゼーションとは、受信と発信の双方を備えたものであり、日本を重要なハブの一つとしたネットワーク化とでもいえるものなのだ。つまり、グローバル化すればするほど、日本は日本的なものを発信し、しかも、それをグローバルに理解させる努力をしなければいけないことになる。

グローバルなネットワーク化という意味で、グローバリゼーションの最先端にあるものの一つが国際金融の世界であろう。一日二四時間、絶え間なく動く市場は、いわば、世界経済の鏡である。世界中のありとあらゆる現象が、その時々の市場の関心によって、相場に反映され、それぞれのローカルなマーケットはネットワークのなかで機能していく。生き物である市場は、時としてオーバーシュートもするし、乱高下もする。しかし、また、それだからこそある種の調整能力を持つことになる。多数のプレーヤーの相互作用のなかで動いていく市場はバブルをつくり、また、それを崩壊もさせる。そして、日本経済はそうした市場のなかにあり、また、その重要な参加者でもあるわけだ。

世界経済の大転換《パラダイム・シフト》

今、世界経済は大きな転換期にある。十九世紀から二十世紀にかけて、大きく発展してきた近代産業資本主義の時代は終わりつつあり、新たなポスト産業資本主義の時代に入りつつある。そこでは、知識・情報・技術が資本に代わって主役の座につきつつあり、資本が技術や情報を追って、様々な企業買収や技術提携が国境を越えて行われつつある。

また、中国やインドなどのいわゆる新興市場国が急速に台頭し、世界経済の中心は次第に欧米から、中国・インドを含むアジアに移行しつつある。中国やインドでは急激に近代化・産業化が進む一方、ポスト産業資本主義の動きも同時に起こってきており、かつての近代化・産業化とは異なった動きが進行しているようにも見える。

こんな状況のなかで、アジアでいち早く近代化・産業化を達成した日本はどう対応していくべきなのか。中国やインドとどう向きあうべきなのか。また、ポスト産業資本主義の段階での日本の強みは何なのか。世界の中の日本をもう一度、新しいコンテクストのなかで考えてみるべき時代が来ているのであろう。

日本を世界に発信せよ

グローバリゼーションがローカルなものの発信であり、その上での受信であるとするならば、まず、われわれが考えなければならないのは「日本的」なものの強さと弱さは何なのかということであろう。十九世紀から二十世紀にかけての日本は発信よりも受信が圧倒的に多く、近代化・産業化は西欧化・欧米化という側面を強く持っていた。しかし、グローバリゼーションがここまで進んだ二十一世紀、われわれの課題は「日本的」なものの発信であろう。ある意味で、西欧の時代、欧米の時代は終わったのかもしれない。次の時代がどんな時代になるのか、今のところ、まだ読み切れないが、「日本的」なものが大きな意味を持つ時代になる可能性は低くない。世界とアジアを読み解きながら、日本を読み解いて、力強く日本を世界に発信する時代が来ているのかもしれない。そんな思いをもって、本書を書き進めてきたが、読者は本書を読んでどのように考えるのだろうか。

最後に藤原書店の藤原良雄・西泰志両氏に感謝しつつ筆を置きたい。

二〇〇八年五月二〇日

Ⅰ

国際金融を読み解く——肥大化する金融の歪み

1 ユーロ・円・ドル

2004 Spring

市場とはいかなるものか

ジョン・メイナード・ケインズは、市場一般のことを美人投票になぞらえ、『雇用・利子および貨幣の一般理論』のなかで次のように述べている。

「玄人筋の行う投資は、投票者が一〇〇枚の写真の中から最も容貌の美しい六人を選び、その選択が投票者全体の平均的好みに最も近かったものに与えられるという新聞投票に見立てることができよう。この場合、各投票者は彼自身が最も美しいと思う容貌を選ぶのではなく、他の投票者の好みに最もよく合うと思う容貌を選択しなければならず、しかも投票者のすべてが問題を同じ観点から眺めているのである。」

つまり、市場というのは、とくに規則の少ない為替市場というのは、皆がどう思っているかを皆で当てるある種のゲームが行われている場所なのである。もちろん、輸入業者は現実に輸入のために、例えば、米ドルを買わねばならないし、輸出業者は、その逆に、米ドルを売らねばならない。しかし、こうしたいわゆる貿易にかかわる実需は、為替市場全体の需要の五％にも満たないし、また、彼らでもその売買の時間を変更させるなどしてゲームに参加することもできるのだ。

いわゆる経済分析の基本、とくにミクロ経済学（マクロ経済学の基盤だとしばしば言われる）の基本は市場分析である。正統的経済学では、財とサービスに対する実需とその物理的供給量によって価格が決定され、多くの場合、その均衡は安定的だとされる。しかし、ある意味で最も市場らしい市場である為替市場では、主観のウェイトが高く、しかもケインズのいう「美人投票」、つまり、極めて相互依存度の高い主観が重要となる。

ここで、これ以上経済理論の問題に深入りするつもりはない。しかし、最近の理論の第一線の展開でも見られるように、多元的かつゲーム理論的アプローチをしなければ、現実の市場の分析や予測はできない。アメリカの元財務長官、R・ルービンは最近書いたメモワール（*In an Uncertain World: Tough Choices from Wall Street to Washington*, Random House, November, 2003）のなかで現実は複雑かつ両義性（Complexity and ambiguity）をもつもので、本来の意味での確率論的アプローチをしなければ現実を分析できないと述べている。長い間、ゴールドマンサックスで債券のトレーダーをやっていたルービンだけあって、市場での彼の体験やアプローチが、政治を含む経済政策の決定、あるいは、彼の人生哲学にまで強く反映されている。世の中に確実なものなど決してないという彼の人生哲学は、債券市場のトレーダーとして長く市場と向きあってきた彼の経験から出てきたものなのだろう。

筆者は為替のトレーディングはやったことはないが、為替介入などを通じてここ十年強、為替市場とかなり深くかかわってきた。そして、ルービンと同様、人生における不確実性と「賭け」の意味をこの市場から学んできたように思っている。賭けというのは、不確実性のなかで決断をしなければならない以上、人間の行動には常に賭けの要素が入ってくるからである。リスクをできるだけ避けるために確率論的分析を行い、慎重に行動するのだが、リスクを避けることはできない。リスクをおった結果、失敗することも避けられない。できることはその確率を低くするように努めることだけである。

しかし、こうした一種の修羅場であるだけに、そこから経済システムの姿形、あるいは、構造を透かして見ることもできるのである。F・ブローデルは一九八五年一二月の最後のインタビュー（「最後のインタビュー」井上幸治編集・監訳『フェルナン・ブローデル』所収、新評論、一九八九年）のなかで次のように述べている。

「さまざまな面を透かして見せなければいけません。レパントの海戦を見ると、その下に経済状況を見、さらにその下に海の調音を見ます。するとレパントの海戦は事件史から抜け出します。」

別にF・ブローデルを気取るつもりはない。しかし、その時々の為替の展開をただの「事件史」として扱うこともできるが、その背景にある世界経済の構造やその変化を示唆するものとして分析することもできる。巨大でグローバルな市場なだけに、そこには様々な情報が入り乱れ、各国の政策の交叉も見られる。そう簡単に解き明かすことができるわけではないが、知的にみると極めて刺激に富んだ場であるということもできる。激しい短期的乱高下はその時々の「事件」によってもたらされるが、景気循環などを背景に「循環」という局面も当然存在する。そして、その「循環」の背後に構造が透けて見えるというわけだ。しかも、現在、どうも大きな構造変化が起こりつつあるような気配がする。おそらく、それは、「長い一六世紀」以来の大きな変化らしいのだが、為替市場の動きから、その変化を垣間見るのはなかなか楽しいものである。

ドル本位体制の揺らぎ

このところ、為替市場では一見奇妙な現象が起こっている。米ドルは一九九五年底を打って以来、ルービン財務長官のドル高政策を背景にあがり続けてきたのだが、二〇〇二―三年、景気回復が軌道に乗り出してきた時期に逆に下落し始めたのだ。とくに二〇〇三年は、対円、対ユーロだけではなく、オーストラリア・ドル、ポンド・スターリング、スイス・フランなどに対しても全面安の展開になっていったのである。

二〇〇三年、アメリカの景気回復は予想以上に力強く実質GDP成長率は、年率三％を上回るものになり、二〇〇四年は四―五％の成長が見込まれている。日本も、そこそこ、景気回復はしてきたが、二〇〇三年度で実質GDP成長率三％弱とアメリカには及ばない。ヨーロッパはやっと不況が底を打ったという状況で独・仏などは実質GDP成長率が一％をこえるかどうかといったところである。つまり、エコノミストたちが「ファンダメンタルズ」と呼ぶ経済の基礎的条件はアメリカが最も良く、次いで日本、ヨーロッパという順なのである。しかし、為替は全く逆で、ユーロが最も強く、次に円、そしてドルの順である。アメリカ経済の基礎的条件が非常にいいのにどうしてドルが弱くなるのか、この問いにどう答えるのか。

一つの説明はある種の循環論であろう。一九九五年以来、アメリカ経済はＩＴバブルや株式バブルを経験しながらも高い生産性と強い成長力を維持し、その間ドルは上り続けてきた。二〇〇〇年後半からのバブルの崩壊、景気の下降の局面でもドル高は大きく是正されなかったが、若干の遅れをはさんでドルの調整が二〇〇二年あたりから始まったと考えるわけだ。こうした循環論に立てば、景気回復が本格化し、雇用も増加してくれば、当然、ドル安はドル高に再び転じることになる。事実、多くのアナリストたちは雇用の動向に注目しており、雇用が本格的に反転してくれば、ドル安も底を打ち、ドル高に転じると見ている。たしかに、こうした循環的側面があることは事実だし、また、多くのトレーダーたちがそれに注目しているということは、ケインズの「美人投票」のルールからは、現実問題として反転が起こる可能性が高いということであろう。また、雇用が本格的に改善してくれば、金融緩和の解除の時期も早まることになり、この点からもドル高が加速していくことになる。いずれにせよ、この循環的側面を抜きに為替の動向を語ることができないのはまちがいない。事件史も循環も歴史と同様、マーケットにも大きな影響を与えるというわけである。

しかし、最後に構造的要因が重要なことにも留意しなくてはならない。構造がほとんど動かない時期であれば、マーケット分析や予測の面ではこのファクターは無視していいのだが、どうも現在、緩やかに国際金融の構造も変化しているようなのである。国際金融システムの現在の基本的構造はアメリカがイギリスに代わって世界経済のヘゲモニーを握るようになってつくられてきたものだ。一言で言って、それはドル本位体制であり、米ドルが唯一の基軸通貨として機能しているといった状況である。現在、石油だけではなく多くの国際商品の取引はドル建で行われ、ドルで決済されている。各国中央銀行はその外貨準備を基本的には米ドルで保有し、いざという時に備えている。アングラ経済の取引でさえ、基本的には米ドルで行われている。サダム・フセインが捕まった時、彼が持っていた財産は米ドルのキャッシュだった。また、外国にその家族たちが預金を隠しもっているとすれば、基本的には米ドルであろう。

このドル本位制の構造は現在でも続いているし、一挙に崩壊するという状況にはない。しかし、一九九九年のユーロの登場などにともなって緩やかにではあるが、この構造に変化が見られるようになっている。まだまだユーロは第二の基軸通貨にはなっていない。しかし、少数のアジアの中央銀行がその外貨準備の一部をユーロに振り替えているという噂が市場に流れ始めている。大きな流れではないし、噂が確認されたわけでもない。しかし、これも「美人投票」の世界の一つの現象である。噂を多くの人々が信じれば、現実に為替レートは動く。すぐ確認できる噂ならともかく、中央銀行がらみになるとなかなか裏が取りにくい。こういう噂は、結構長く市場に影響を与える可能性が高い。しかし、いずれにせよ、この類の噂が出るということ自体、ドル本位制がかつてのように磐石なものではなくなったという一つの証左でもある。当面、経済ファンダメンタルズは弱いのだが、とにもかくにも第二の基軸通貨に育つかもしれないユーロが出現したのである。もし、第二の基軸通貨に育つということであれば、投資の原則は分散である。ほとんど米ドルでもっていた外貨建資産を、若干ユーロに振るだけで為替レートは大きく動く。実は、このところのユーロ高の一つの原因は、この緩やかな構造変化だといえるのだろう。

第二の基軸通貨ユーロの登場

ドル本位制の一角が少しずつ崩れ出した気配が国際金融市場で感じられ始めた背景には、おそらくより大きな世界システムの変動がある。第一次大戦から第二次大戦の混乱期を経て確立された米国のヘゲモニーが少しずつ崩れ出してきているのだろう。いわゆるパックス・

アメリカーナ（アメリカの平和）の時代の終わりの始まりである。

EUの統合、ユーロの創設がこの変化のきっかけをつくったことはまちがいない。アメリカは常に冷やかだったが、ユーロはジグザグコースをたどりながらも一九九九年に発足した。紙幣の完全な交換が終わったのは二〇〇二年。心配された大きな混乱もなく、二〇〇三年に入るとユーロは急速に強くなった。現在、EU参加国は一五カ国、ユーロ圏は一二カ国。EU加盟国のうちイギリスなど三カ国がユーロには参加していない。二〇〇四年一月にはEU加盟国に東欧、バルト三国など一〇カ国が加わり、EUは二五カ国に拡大。いずれ、ユーロ加盟国も二〇程度までには増加する。さらにその後、北アフリカやトルコなどのEU加盟が実現する可能性があるし、さらに先にはロシアがEUに加盟するかもしれない。大ヨーロッパ圏が、多少のギクシャクした調整を伴いながら成立しつつある。当然、ユーロ圏も拡大し、ユーロの第二の基軸通貨としての地位は次第に強くなっていく。

ヨーロッパがいよいよアメリカの対抗勢力としての地歩を固めつつある。イラク戦争でフランス・ドイツ・ロシアがスクラムを組んでアメリカに抵抗できたのもEUの拡大が背景にあったからだろう。十年前なら、とてもこの構図はありえなかった。少しずつではあるにせよ、ヨーロッパが第二の極として歴史に再登場しだしたのだろう。

いずれ崩壊する対米依存路線

片や日本。アメリカとの距離は今まで以上に近くなっている。為替市場でも巨額の介入で急激な円高を妨ぐ一方、大量にアメリカ財務省証券を購入し、アメリカの金融市場を支えている。奇妙な均衡というのか、もたれあいというのか、イラク戦争だけではなく、国際金融面で日米相互依存が深まっている。パックス・アメリカーナ体制の終わりの始まりの時期、この日米関係のあり方はいかにも不自然である。G・ブッシュ、小泉純一郎という二人の特殊なキャラクターをもった政治家の影響力もあるが、日本外交がまだ冷戦構造の時代から抜け出ていないのがその主たる原因であろう。

他方、中国は力強い経済成長を続けながら、アメリカと巧みな外交を展開している。アメリカに言うべきことは言い、しかも、決して反米に傾かない。多くのニュー・リーダーたちがアメリカ留学組だということもあって、アメリカとの関係は決して悪くないし、その存在感は日本を大きく凌ぐものになっている。アメリカも北朝鮮問題などについては中国に大きく依存し、逆に中国は台湾問題でのアメリカの自重を求め双方の利害のバランスがうまくとれている。
元の切り上げ問題が俎上に載せられているが、ここでも中国の手綱さばきはなかなかのものである。いずれは、為替管理の自由化、為替制度の弾力化を実行すると約束しながら、漸進的アプローチをアメリカに理解させようと努めている。まもなく何らかの展開があるとされているが、どう展開していくのか見物である。元を含めてアジアの為替システムが今後どう動いていくのかは、日米・米中の外交の一つのポイントである。欧州のように、米ドルと独立した通貨圏ができていくのか、米ドルとの強いリンクをもったままアメリカとハブとスポークの関係を続けていくのか。

筆者が危惧するのは、日本外交が対米依存から抜け出られない状況が続くなかで、米中が日本の頭越しに強い関係を結んでいくことである。中国だけではなく、タイやマレーシアなど、今まで日本と極めて近かった東南アジア諸国も日本離れを始めて、アメリカや中国と直接取引をしつつある。パックス・アメリカーナの時代の終わりが始まり、中国の台頭がアジアだけではなく世界を変えつつある現実があるだけに、アメリカ・中国・ＡＳＥＡＮとの多極外交が必要なのだが、小泉政権には全くそうした意識がない。国際金融や防衛面での日米の現在の奇妙な均衡はいずれは崩れる。そうした時、日本はアメリカと中国にどう向きあうのか。円をドルとアジア通貨のなかでどうコントロールしていくのか。

為替市場から透けてみえるアジア諸国のアメリカをめぐる緩やかな構造変化は、かつてイギリス、そしてアメリカと組んでアジアで唯一、近代化・産業化を達成した日本のこの地域でのポジションを大きく変えつつある。日本の、そして円の正念場なのだが、意外とこの日本の構造的危機を理解する人は少ない。

2 日本の低金利と国際金融

2007 *Spring*

サミットの主要議題

二〇〇七年のサミット議長国であるドイツは、サミットの主要議題の一つにグローバル・インバランスの問題を取り上げる意向であるという。かつてドイツのシュミット首相とフランスのジスカール・デスタン大統領がサミット会合を初めて提唱した時、その主要な目的は世界の経済問題を首脳同士で話しあうことだった。それがこのところ主要議題が経済問題から政治問題にシフトし、政治サミット化していた。ドイツがグローバル・インバランスを主要議題としようとする重要な理由の一つは、サミットを再び経済問題中心の経済サミットに戻すことにあるといわれている。政治問題はどちらかというとバイラテラルな関係を中心に話しあい、経済問題はマルティラテラルな関係を中心に話しあおうというわけだ。経済のグローバル化が急速に進展していることを考えると、充分、納得のいく考え方である。

また、今回のドイツのイニシアティブが興味深いのは、今まで盛んに取り上げられてきた貿易・経常取引のインバランスに加え、金融面でのインバランスを分析・討議したいとしているところである。貿易収支・経常収支のインバランスの問題は、アメリカの過剰消費のサスティナビリティという形で度々問題になってきている。とくにヨーロッパはドルとユーロという通貨の問題をからめてこの話題をしばしば取り上げている。この問題が消えたわけではないし、解決がいつも先送りされているということは、問題が逆に深刻になってきているのだということもできる。しかし、改めてサミットでこの議題を取り上げても従来通りの議論が繰り返されるだけでは、あまり意味がない。

だが、経常収支インバランスを金融のインバランスと同時に取り上げようということになると話は異なってくる。経常収支と金融収支は同じコインの裏表である。そして、近年、国際金融取引の急増にともない金融サイドの重要性は急速に高まっている。一九九七—九八年の東アジア危機も資本取引によって引き起こされた。それまでのラテンアメリカなどの経済危機が経常収支のインバランスによってもたらされたのと対照的であった。当時のＩＭＦ専務理事、Ｍ・カムドゥシュはこの東アジア危機を、それまでの「経常収支危機」と区別して「資本収支危機」と呼んだのであった。

国際金融や資本取引の議題は、従来まではＧ７—Ｇ８の財務大臣・中央銀行総裁会議で取り上げられ、サミットの主要議題になることはほとんどなかった。極めて専門的な分野で、とても首脳同士がフランクに話しあえる議題ではないと考えられてきたからだ。専門的であるという点については、とくに変化はないし、デリバティブ取引などが拡大するなかで、その専門性はますます高まっているとさえいえるのだろう。にもかかわらずこの議題をサミットで取り上げようというのは、金融取引を論じないで世界経済を論じることが大変難しくなってきているということの証なのだろう。

日本から流出する大量の資金

金融取引がサミットの主要議題になりそうだというのは、金融政策のあり方やそれを反映した為替相場の動きが次第に政治問題化しているということである。金融のインバランスといっても多くの日本人にはピンとこないかもしれないが、実は、金融インバランス論議のターゲットは日本なのである。経常収支インバランスのターゲットはアメリカであるが、次第にインバランスの非難の対象がアメリカから日本に移ってきたということにわれわれは気づくべきであろう。今回のサミットの議長国がドイツであることに象徴的に示されているように、この政治的不満の発信源はヨーロッパである。ユーロが対円で一六〇円にせまるという状況は、日本とヨーロッパの実物経済面での競争力ということからすれば、極めて異常な為替レートである。ヨーロッパの産業界、とくに自動車業界などから強い不満が出るのはむしろ当然であろう。ヨーロッパと日本の製造業における競争力から考えれば、一ユーロ＝一一〇円—一二〇円で充分日本の企業はヨーロッパで競争できる。一ユーロ＝一五〇—一六〇円というのは、この意味からは、あまりにもユーロ高、円安の水準である。

ではどうしてこれほど異常な為替レートが実現してしまったのだろうか。為替レートの決定要因は多様であり複雑ではあるが、現在の為替相場の主要な決定要因は金利差であると考えられている。つまり、日本の金利が異常に低く、ヨーロッパやアメリカの金利が相対的にかなり高いことから、日本から資金が大量に流出し、全般的円安状況を生んでいるのだ。ユーロや米ドルに対してだけではなく、英ポンド、スイス・フラン、オーストラリア・ドル、カナダ・ドルなどに対しても円安になっているわけだ。

日本の機関投資家のみならず個人の資金も投資信託などの形で大量に国外に流出している。そしてこの傾向はこのところ加速度的に進行している。国内の銀行預金や郵便貯金に集中していた個人資産が株式や海外資産にある程度流れることは、経済の成熟にともなったごく自然な現象ではある。とくに退職期を迎えた団塊の世代が資産運用に積極的であるといわれている。現在の六十歳以上の世代のかなりの部分は二〇〇〇万円以上の金融資産を持ち、株や為替の取引に次第に積極的にかかわってきている。六十歳での男の平均余命が二十三年、女は二十九年であることを考えると、資産運用に前向きに取り組むのはごく自然なことであり、また、健全なことでもある。

流れとしては当然のことではあるが、このところの円安傾向の定着がこうした個人投資家に過剰なリスクを負わせているとすれば問題であろう。日本経済の相対的競争力がトレンドとして弱くなっているわけではないので、このところの円安は循環的なものだろうと考えられる。ということは、何かのきっかけでかなりの円高がもたらされる可能性があるということだ。高金利による利益をねらう個人投資家たちの多くは為替のヘッジをしていないので、円高で大きな為替損をこうむる可能性がある。二〇％の円高を金利差でカバーするのはそう簡単なことではない。為替リスクを承知の上での投資であればよいのだが、このところの心地よい円安で為替リスクを忘れてしまっている可能性も少なくない。

もう一つの大きなリスクはいわゆるキャリートレードである。円安基調が中期的に続くことを前提に、内外の投資家が金利の低い円で資金を調達し、海外資産に投資する行動である。ヘッジファンドなどのハイリスク、ハイリターンを狙うプロたちがこれを行うなら、それほど問題はない。しかし、オーストリー（オーストリア）やスペインの住宅ローンがキャリートレードを使って行われているとなると話は別である。東南アジアやインドの企業なども盛んに円資金を調達している。為替リスクをとって長期資金を調達しているとすれば、円高への逆転は大きなロスを生むことになる。

日本銀行などがキャリートレードについてのヒアリングなどを行っているが、いわゆるデリバティブ取引が大量に行われているため、その総額を把握することはなかなか難しいようだ。しかし、日本の投資家による資金の大量の海外流出にこのキャリートレード分を加えるとその額は巨額にのぼり、円高への反転は国際金融市場に大きな混乱をもたらす可能性がある。従来から、経常収支の赤字を拡大し続けるアメリカへの資金流入が逆転した時のリスクと大きな混乱の可能性が問題にされてきたが、日本からの資金流出の逆転も、また、大きなリスクを抱えているというわけなのだ。

内外金利差と日本の金利正常化問題

日本からの巨額の資金の流出、国際金融のインバランスの最大の原因は、日本の金融政策にある。一九九〇年代後半、日本が深刻な金融危機に陥った時、緊急の措置としてゼロ金利、流動株の大量の供給に踏み切ったことは適切であった。しかし、二〇〇一年末を底に日本経済は景気拡大の局面に入り、金融危機も解消した。東証一部上場企業の多くが史上空前の利益を計上している時、短期金利が〇・五%というのはいかにも異常である。アメリカは五・二五%、EUは三・七五%である。そして、三地域の実質GDPの成長率にそれほど大きな違いはない。

日銀の政策委員のなかにも筆者と同じような正常化論を展開している人たちも少なくない。しかし、安倍政権の中枢にいる人々や日銀審議委員の一部分は、日本経済がまだデフレを脱却していないとして金利の正常化に反対している。たしかに、金融政策は伝統的に物価を最大のターゲットとして執行されてきた。つまり、インフレ懸念があれば金利を引上げ、物価が安定、または、物価が下落していくなかで景気が後退してくれれば金利を引下げている。ECB（欧州中央銀行）が継続的に金利を引上げている背景にはインフレ懸念があるし、FRB（連邦準備銀行）が金利上昇を止めたのもインフレ懸念の後退があったからだ。

こうした伝統的・正統的な考え方からすれば、当面、日本にはインフレ懸念がないのだから、金利引上げは必要ないという結論が導き出される可能性が高い。しかし、ここに一つ大きな問題がある。つまり、このところ五年から十年、日本経済に大きな構造変化が起こり、景気拡大にもかかわらず物価が安定しているという点だ。まず、雇用構造が大きく変化し、この十年で正規雇用は約四〇〇万人の減、非正規雇用は約六二〇万人増加している。つまり、雇用全体は増加しているのだが、雇用構造が変化したため賃金が上昇しないのだ。景気拡大期のインフレ圧力の大きな原因の一つは賃金の上昇だが、それが日本には存在していないのだ。そして、この傾向は今後しばらく続くものと思われる。

もう一つは、経済のグローバル化、国内の規制の緩和、競争政策の強化により、国内市場での競争が促進され、様々な分野で激しい価格競争が展開されていることだ。携帯電話、テレビ等々、多くの消費財の価格は安定、または、下落している。

実は、物価が安定しているということは、経済全体にとっても金融当局にとっても望ましいことである。景気が拡大し、物価は安定している。こんな良い事はないではないか。まだデフレを脱却していないなどと嘆く必要は全くない。

もし短期金利が、今、例えば、二・〇%であれば、金利引上げの必要は全くないであろう。しかし、問題は金利の水準であり、内外の大きな金利差である。これは、インフレ懸念やデフレ脱却などとの議論とは全く異なる金利正常化の問題である。今、金融当局が、例えば、一年でさらに〇・五%から一・〇%金利を引上げたとしても、設備投資への影響はほとんどないだろう。多くの企業は高い利益を上げ、キャッシュフローは潤沢であり、市場からの資金調達に困ることもない。つまり、金利引上げが成長率を下げる可能性はほとんどないのである。逆に、預金金利の引上げが、消費者マインドに好影響をもたらし、消費にプラスのインパクトを与える可能性すらあるだろう。

経済が大きく構造変化するなかで金融政策を適切に運営するのはそう簡単なことではない。一九九〇年代の後半から二〇〇〇年代にかけて、アメリカ経済はかなりオーバーヒートしたが、当時のFRBのグリーンスパン議長は生産性の向上、とくにサービスセクターの生産性の向上に着目し、金融を過度に引締めることをしなかった。しかし、住宅市場の過熱化がはっきりしてくると、金融正常化の論理のもとで、連鎖的に金利を引上げ、ついに、五・二五%までもってきたが、この間、アメリカ経済が大きく崩れることはなかった。現状からみる限り、見事にアメリカ経済はソフトランディングに成功したようである。

鍵を握る日本の対応

世界的な金融インバランスの原因が、日本経済の構造変化とそれに対応できないでいる政府と日本銀行にあるとすれば、問題の解決はそれほど簡単ではない。まず、安倍政権のいわゆる上げ潮政策。日本経済の成長率を高めることで、財政赤字や格差の問題を、それぞれの個別分野に切り込むことなく解決しようというのだが、説得力は極めて弱い。日本のような成熟した経済で成長路線をほぼ唯一の経済政策にすること自体奇異であるし、また、いかに成長を短期的に加速するのかもはっきりしない。低金利を継続し、若干の企業減税を行うことで今以上に企業のパフォーマンスを上げることが可能だとも思えないし、それで財政赤字や格差が解消するとはとても考えられない。

都合のよい問題の先送りに過ぎないのではないだろうか。問題を先送りすることによって、逆に、金融インバランスを拡大し、格差をより深刻にしてしまう可能性の方が高い。日本銀行などの金融関係者の頭の硬さも、また問題である。物価が安定していたら、金利を引上げることができないのか。インフレ・ターゲット的発想から抜け出ないと、しばらくの間は金利の正常化ができないということになってしまう。高成長を続け、供給のボトルネックが顕在化しているインドのような経済ではインフレ・ターゲットは必要かもしれない。しかし、様々な構造的要因で物価が安定している日本のような国では、消費者物価やGDPデフレーターだけではなく、より幅広く金融市場と経済の現状を分析する必要があるのだろう。簡単なフォーミュラーだけで政策運営ができるなら、こんないいことはないが、世の中はそれほど単純ではない。とくに経済の構造変化が進んでいる時には頭を柔軟にして、ドグマを捨て、変化に対応できる政策を打たなくてはならない。かつて、バンカー・オブ・ザ・イヤーにも選ばれたことのある福井総裁に決してできないことではないのではないだろうか。雑音に惑わされずに、我が道を行って欲しいと思うのは決して筆者だけではないであろう。

日本側の対応がかなり困難だとすれば、世界の金融インバランスは、少なくとも短期的には拡大していくことになろう。七月のサミットでは、インバランスが一つのピークに達している可能性すらある。筆者が恐れるのは欧米のフラストレーションが高まり、政治的圧力が明示的に加えられることである。金融インバランスの拡大は、おそらく、さらなる円安をもたらすことになる。今のところ、アメリカやイギリスはドイツやフランスと歩調をあわせて日本を攻撃しようという姿勢は示していない。二月のG7会合でも円安は話題にはなったが、明確な圧力は加えられていない。しかし、今後、金融インバランスがさらに拡大し、円安が加速すれば、アメリカ・イギリスの態度も変化する可能性がある。七月のサミットでの金融インバランスの議論がどう展開するのか、目が離せない状況であろう。

3 金融肥大化とサブプライム問題

2008 Winter

サブプライム問題と「金融化」

グローバリゼーションが二一世紀の世界経済のトレンドであることを否定する人はほとんどいないだろう。たしかに、グローバリゼーションの光と影はあるし、その影を強調し、反グローバリゼーションを唱える人たちもいる。しかし、だからといって時計の針を逆転することはできないし、反対する人たちも逆転させる術を知っているわけでもない。彼らといえども、少なくともその本音はJ・スティグリッツがそうであるように、グローバリゼーションに関する対応策を変えろといっているにすぎないように思われる。例えば、教育機会の拡大やセーフティーネットの充実などである。

しかし、グローバリゼーションは様々な側面をもっている。例えば、水野和夫は「帝国化」「金融化」「二極化」をグローバリゼーションの三つの大きな特色だとしている（水野和夫『人々はなぜグローバル経済の本質を見誤るのか』日本経済新聞出版社、二〇〇七年）。「二極化」については第6章で論じるが、ここでは「金融化」が果してそれほど本質的な特色なのか、あるいはそれが過去一〇年のアメリカ中心のグローバリゼーションの特色であるのか、それが今後変りうるのかどうかについて論じてみたい。どうしてこうした問題設定をするのかという理由は明らかであろう。二〇〇七年八月中旬に表面化したサブプライム問題をきっかけに金融バブルが崩壊し始め、過去五一―一〇年の「金融化」の逆転現象が生じてきているからである。

まず、いわゆるサブプライム問題を簡単に概説することから始めてみよう。サブプライムとは住宅ローンのうち、リスクの高いもので以下の一つに該当するものをさす。①過去一二カ月間に三〇日以内のローン返済延滞が二件以上、または過去二四カ月以内に六〇日以内の延滞が一件以上ある。②過去二四カ月内に法定判決、担当物件の差押え、担保回収、ローンの不払いがある。③過去五年間に自己破産がある。④信用調査機関のリスクスコアが所定の値を下回る。貸倒れ確率が高い。⑤所得に対する債務返済の比率が五〇%以上、または所要債務返済総額を除いた月間所得で家計生活費を賄う能力が限定されている。

よくこんな借手に貸すなという感じだが、リスクの高い分当然金利は高い。しかも返済を容易にするために当初数年間の金利を抑えたり、当初の元本返済を軽減したりしたものが普及していった。二〇〇六年までのように住宅価格が傾向的に上昇し、借手がキャピタルゲインを得られるうちはまだよかったが、住宅価格の上昇が止まり、さらに下落するに及んでこうしたローンが一挙に不良債権化したというわけだ。住宅ローン全体にしめるサブプライムローンの比率は一〇％強。ただこの部分の不良債権化だけだったらこれほど大きな国際的金融混乱は引き起こさなかっただろう。

問題はいわゆる証券化である。一〇年前、二〇年前だったら住宅ローンは金融機関のバランスシートに債権として残り、預金などの債務と対応する形になっていたのだが、現在では証券化によって住宅ローン債権をバランスシートから落している場合が多い。通常、この証券化は、金融機関がＳＩＶ（special investment vehicle）に住宅ローン債権を信託し、このＳＩＶが住宅ローン担保証券（ＲＭＢＳまたはＭＢＳ）を発行し証券化している。またこのＲＭＢＳは他の債務とミックスされ、債務担保証券（ＣＤＯ）として再証券化され、投資家に販売されている。サブプライムローン、つまり、質の低い住宅ローンが不良債権化するにともない、この証券化されたＲＭＢＳ、ＣＤＯも不良債権化してしまったわけである。

ＣＤＯはサブプライムローンを含んでいるが他の債務とミックスされており、それによってリスクが分散されているとしていたわけである。また、ＣＤＯによってはサブプライムローンが含まれていることを明示していないものもある。複雑な商品なのでリスクの評価は簡単ではなく、投資家が判断の基準としたのが格付機関の格付である。しかし、二〇〇七年夏以来、格付機関はサブプライムローンを含んだＲＭＢＳやＣＤＯの大量格下げを発表し、格付機関の信用そのものが傷つく形となってしまったのである。RMBSやCDOの格付は格付機関の収入のかなりの部分をしめており、彼らやSIVやその背後にある金融機関と一緒になって当初意図的に高い格付をしたのではないかという疑いも生じてきている。

さらに問題なのは、こうした複雑な商品には流通市場が存在しないので、客観的価格もつけにくいし、また、売却も短期的には困難である。それぞれの金融機関はそれなりの想定のもとに評価損を計上し、引当金をつんでいるのだが、時間の経過とともに状況が悪化し、評価損は拡大している。FRB議長のバーナンキは当初サブプライムがらみの損失は五〇〇—一〇〇〇億ドルであろうと表明していたが、その後、その額を一五〇〇億ドルまで引上げている。また、二〇〇七年一一月中旬、OECDはこの問題に関するレポートを発表し、損失額を三〇〇〇億ドルと推計している。損失額の推計は増大しつづけており、どこで底を打つのかは今のところ見えていない。また、サブプライムローンだけではなく、クレジットカード債権やオートローンにも問題は波及してきており、こうした他の消費者ローンの問題を含めてみると、損失額はさらに大きく拡大することになる。

こうした状況のなかで、通常の顧客を対象とする住宅ローンや消費者ローンも縮小してきており、限定された債務者に対する貸付のみならず、より広く融資、信用供与システム全体に動揺が拡がってきている。

いわゆる証券化はリスクを投資家に広く分散するというメリットをもっていたが、金融機関がこれをバランスシートから落して資金を新たに調達するという側面ももっており、金融機関自身による流動性の創出でもあった。二〇〇〇年代に入って低金利時代が続き、各国中央銀行は金融を緩和気味に運営してきたが、それに加え、新しい金融技術を駆使してそれぞれの金融機関が新たな流動性をつくり出していったのである。そして過剰流動性の時代が二〇〇〇年以降加速度的に展開し、水野和夫のいう「金融化」が急速に進んでいったのである。

アメリカ経済失速と「金融化」の逆転

「金融化」の一つのメリットは実物経済のインバランスを持続させ、逆にその裁定で利益を生むことである。このところの世界の二つの大きなインバランスはアメリカの過剰消費と中国の過剰投資であるが、「金融化」は、とくに前者を支える大きな要因となった。

しかし、サブプライム問題を契機に「金融化」の逆転が始まるにつれ、実物経済の方にも次第に深刻な状況が生じ始めてきた。ローレンス・サマーズ（ハーバード大学教授）は、二〇〇七年一一月二六日付の『ファイナンシャル・タイムズ』紙で、アメリカに景気後退の恐れが出てきたと概略次のように述べている。まず第一の問題は住宅市場である。先物市場などの先行指標で推計してみると二〇〇八年の住宅建設はピーク時に比べて半減する可能性があり、住宅価格も最大限二五％落ち込むことが予測できる。もしこれが実現すると住宅市場の活況によって支えられてきたアメリカの消費もいよいよ落ち込んでくることになる。もともと貯蓄率がマイナスになるなかで消費者ローンなどによって維持されてきたアメリカの消費である。住宅価値の下落が消費者ローンの担保価値の減少につながり、消費者ローン残高の減少、そして消費の減退につながるというわけだ。

また、サブプライムローン問題がクレジットカードやオートローンにまで波及してくるとなると、銀行の貸出能力も大きく傷つき、投資を支える資金のフローそのものが減少してくることになる。とすれば、消費だけではなく投資も落ち込んでくる可能性がある。

こうした点に加えて、ドル価値の継続的な低下やエネルギー価格の上昇は消費者信用を弱め、経済全体の減速を強めることになるというのだ。

今のところ、おそらくサマーズはまだ少数派であり、多くのアナリストたちはアメリカ経済の減速は予測しているが、景気後退（二・四半期連続のマイナス成長）までにはいたらないと考えているようだ。しかし、二カ月前、三カ月前と比べると明らかに悲観論は増えてきており、アメリカ経済の失速は二〇〇八年の世界経済の最大の懸念要因になっていくのだろう。

二〇〇七年年末までは、アメリカ経済の減速、サブプライム問題の拡大にもかかわらず、中国、東南アジア、インドなどの成長は順調であった。アメリカの金融機関や企業も東アジア経済の活況で他の損失をかなりカバーできた側面があった。一部ではいわゆるディカップリング説がとなえられている。つまり、中国やインドなどはアメリカ経済の動向にかかわりなく、自らのエンジンで成長するというのだ。たしかに、中国やインドでも急速に中産階級が増大し、内需が大きく拡大してきている。しかし、グローバリゼーションが進むなかで各国の相互依存が深まっていることも、また、事実であり、いつまでディカップリング状況が続くのかは定かではない。中国の製造業、インドのＩＴ産業などは当然アメリカ経済の影響を大きく受けるだろうから、アメリカ経済の成長率が著しく鈍化すれば、状況が変化する可能性は高い。二〇〇七年はサブプライム問題が発生し、金融システムは混乱したが、まだ実物経済は大きな影響を受けていなかった。二〇〇八年にサマーズがいうように、アメリカ経済が景気後退局面に入ってくれば、程度の問題はともかく中国やインドも影響を受けることになるだろう。

二〇〇七年、サブプライム問題発生で複合金融商品や先進国の株式市場から逃げた資金は商品市場や新興国市場にむかった。石油や金の価格は高騰し、中国やインドの株式市場も高値を更新しつづけた。こうした市場には明らかにバブルが発生しており、二〇〇八年に何らかの調整がおこる可能性は高い。とくに中国は株式市場だけではなく、実物経済も一一％を上回るバブル気味の成長を続けており、大きな調整が必要となってきている。ただ二〇〇七―八年は第二期胡錦濤《フーチンタオ》体制が形づくられる政治的に極めて重要な時期であり、二〇〇八年夏には北京オリンピックもある。市場関係者はオリンピックまでは当局は動けないだろうと予測しているが、すでに元の切り上げのスピードも若干早くなっているし、金融もじわじわと引締められている。時期とスピードはまだはっきりしないが、少なくとも二〇〇八年下半期は、中国経済にとって調整の時期になる可能性が高い。

もし、アメリカ経済が二〇〇八年に景気後退に入り、それにやや遅れて中国が調整局面に入るとすれば、世界経済全体も大きく減速していくことになろう。アメリカ、中国、インドなどが牽引し、高成長を続けてきた世界経済が曲り角を迎えることになる。まだ状況は流動的であり、当局の政策次第で大きな景気後退を避けることも可能かもしれない。しかし、サブプライム問題に端を発した金融面の調整に続いて実物面での調整も次第に近づいてきていることは確かであろう。

振り回される実物経済

グローバリゼーションが急速に進むなかで、「金融化」が世界的に拡大し、世界経済の実物面での成長を支えていた。過剰流動性状況が続くなかでマネーは商品市場や株式市場、さらには不動産市場にむかい商品価格は高騰し、資産価格も大きく上昇してきた。金融技術の新しい展開はかつては相対取引が主流であった不動産まで金融商品化し、不動産ファンドやリート（不動産投資信託証券）などを通じて不動産が多くの投資家のポートフォリオに組み込まれ、世界的な不動産価格の上昇を引き起こした。アメリカのサブプライム問題もこうした世界的な不動産価格の上昇を背景に生じた一つの現象であるということができる。

しかし、二〇〇八年はすでに述べたように、金融面でも実物経済面でも曲り角を迎えることになる。ただ、問題は、「金融化」が逆転していくのか、あるいは、「金融化」が継続するなかで調整がおこるのかということであろう。二〇〇七年夏から現在まで起こっていることはどちらかというと後者であろう。マネーは、たしかに複合金融商品や先進国の株式市場からは逃げたが、その分、商品市場や債券市場が活況を呈した。例えば、石油価格。需給のバランスがとれる価格は六〇ドル前後だといわれているにもかかわらず、一時、価格は一〇〇ドル近くまで上昇した。はたしてこの状況が今後も続いていくのだろうか。もし、アメリカ経済が景気後退に入り、中国の調整も始まるとすれば石油需要は少なくとも短期的には大きく落ち込むことになる。とすれば、二〇〇七年以来の石油の高値にもその影響が及ぶことは充分考えられる。エタノールなどの影響で上昇した穀物価格にもインパクトがあるだろう。実物経済の落ち込みが商品市場に及ぶとなると、その影響はかなり大きなものとなろう。世界的に資産価格、とくに不動産価格を引き上げてきたオイルマネーが大きく減少すれば、不動産価格が下落に転ずることも考えられる。サブプライム問題で発生した複合金融商品の価格の調整が商品市場に及ぶとすれば、問題はかなり深刻である。まだ今のところ、状況は定かではないが、二〇〇八年にそれが起こる可能性は排除できないだろう。

このように考えていくと、二〇〇八年は金融バブル崩壊が始まる年になるかもしれないと思えてくる。一九九〇年代から大きく展開した「金融化」の逆転である。たしかに、先進国が成熟し、その資産残高が増加するにつれ、ある種の金融化は必ず生じてくる。しかし、資源には限りがあり、実物経済の成長にも限界がある。一九九〇年代後半からの「金融化」は明らかに過剰だったのではないだろうか。

アラン・グリーンスパン前FRB議長は、中央銀行はバブルの発生を止めることはできないと述べている。市場経済というものは所詮バブルを発生させ、それが崩壊するというプロセスを通じて動いていくということなのだろう。しかし、ここ一〇年の金融政策、とくにアメリカのそれが緩和気味に推移しすぎたことが過剰な「金融化」の一つの大きな原因ではなかっただろうか。

金融という尻尾が実物経済という頭を振り回すというのは、考えてみればおかしな現象である。いかにITを駆使しても、複雑な打算をしても、所詮金融商品はバーチュアルな世界のものである。サブプライムの混乱のなかで問題になっているCDOも、最後の最後は住宅というリアルなものの影響を受けてマーケットが崩壊した。過剰な「金融化」のなかでグリーンスパン神話がつくられてきたのだが、そろそろ世界経済は神話の世界から現実の世界に引き戻されてきているのだろう。考えてみればこの一〇年ほど、市場の視線が中央銀行の一挙手一投足にそそがれたこともなかったろう。そして、おそらく、そうした時代がグリーンスパンの引退とともに終わっていくことになるのだろう。

II 世界経済を読み解く——グローバル化の本質は何か

4 グローバル化とアメリカ化

2005 Summer

企業経営のアメリカニゼーション

グローバリゼーションと一言で要約される現象には様々なものがある。いわゆる情報通信革命がローカルなものをグローバルに発信することを可能にするという意味では、グローバリゼーション現象はローカリゼーションを含まざるをえないという側面ももっている。また複雑なネットワークが重層的にでき上っていくという点では、いわば、ネットワーク化とでも呼べる現象が生じており、ヘゲモンをハブとしてスポークが各地域に張りめぐらされているという従来の支配構造が崩壊してきている側面もある。情報通信革命を主導し、インターネットなどの技術を世界に提供したのはアメリカだが、グローバリゼーションの様々な側面を考慮すると、グローバリゼーション即アメリカニゼーションと理解するのは早計であろう。

しかし、他方でアメリカニゼーションが日本や、また中国を含むアジアで、いや、世界中で進んでいるのも事実である。製造業が次第に空洞化し、サービス業でもそのかなりの部分をアウトソースせざるをえないアメリカが、いまだに圧倒的優位を保持しているのが金融と企業会計、そして法務であろう。そして、少なくとも、この分野においては、アメリカン・

スタンダードが世界のスタンダードとして受け入れられてきている。それを主導するのが、ゴールドマン・サックスやモルガン・スタンレーなどといった投資銀行と、KPMGやアーサー・アンダーソンといった会計監査企業である。時価会計、減損会計といったアメリカ型会計ルールが国際的に導入され、その上で株主の利益を適切に反映して経営を行うこと、それが理想的企業ガバナンスであるとして、例えば日本や大陸ヨーロッパの企業経営の形を大きく変えていくことが重要とされてきたのである。

一言で言うと、それは株主資本主義と呼ばれるシステムをグローバルにつくっていこうとする試みであったということであろう。ウォール・ストリートの投資銀行や会計監査企業が主導して、金融や資産運用を中心とした企業ガバナンスのあり方を模索したのである。株主資本主義プロジェクトは順調にすべり出し、M&Aがさかんに行われ、株価は上昇し、ウォール・ストリートは活況を呈した。GEやGMのように製造業の企業も、M&Aなどを利用しつつ金融業・情報サービス業に進出し、製造業で日本や中国に圧倒されかかっていたアメリカ企業は再生し、アメリカ経済は、日本やヨーロッパをはるかに凌ぐ成長率を達成することになる。

アメリカ経済やアメリカ企業の好調はまだ続いている。しかし、ウォール・ストリートはエンロンやワールドコムなどのスキャンダルが相次ぎ、最近は金融ジャイアントであるシティ・バンクやAIGなどが追及の対象になってきている。株主資本主義、アメリカ型企業ガバナンスに大きく振れた流れは、ここにきて逆転する気配をみせてきている。実は、こうした傾向を予測し、株主資本主義に批判的な目をむける人たちもかなり前から発言をしていたのである。

経営コンサルタントであるアラン・ケネディは、まだウォール・ストリートがネット・バブル、株式バブルの渦中にあった二〇〇〇年、『株主資本主義の誤算』（奥村宏監訳、ダイヤモンド社、二〇〇二年）を出版し、ITバブルの崩壊と企業スキャンダル発生の可能性を予告した。エンロンやワールドコムのスキャンダルの前にそれを予測したのだから、なかなかのものである。

株主資本主義の誤算

株主資本主義の流れは、アメリカで一九八〇年代に始まった。以下、アラン・ケネディに従って、この動きを追ってみることにしよう。

「一九八〇年代の半ば以降、企業目的に関連する新しい現象が見られるようになった。企業活動の新たな推進目的として、企業が相次いで『株主価値』を採用するようになったのである。」

「その始まりは会計だった。何人かの業者が、一株あたり利益などの伝統的な業績指標は、会社の真の価値を示す指標として相応しくないと指摘した。彼らはその代わりとして、予測現金流動（将来のキャッシュフローの割引現在価値）を会社の価値指標とすれば、経営効率が高まり、株主により高い価値をもたらすと主張した。だが公平にいって、こうした株主価値の先駆者たちは、企業経営における他の利害関係者（従業員、政府、地域社会、サプライヤー、顧客）の存在をほとんど考慮しなかった。」

「株主価値運動は、それが意味する結果を新種の投資銀行家であるレバレッジド・バイアウト（LBO）・バンカーによって見出されなければ、学界内の比較的退屈な議論にとどまったかもしれない。しかし彼ら銀行家は、この学説のお墨つきを得て、荒稼ぎできると説き始めた。『企業を買収し、株資価値に従ってリストラし、別の投資家に転売せよ。』金儲けのことしか頭になかった銀行家らは、こうした事業方針の変更がどんな影響をもたらすかをほとんど考慮しなかったどころか、それを実行に移した。LBOは八〇年代のビジネス界を席巻し、とくに米国において顕著だった。」

「取締役会は、各社がLBOバンカーのオファーに次々と屈服していく様を警戒の目で見ていた。そして乗取り屋から予期せぬオファーを突きつけられる前に、経営陣に対してリストラに踏み切るよう圧力を強めていった。鼻先に突きつけたニンジンはストックオプション（これは経営陣と株主の利害をより緊密に一致させる方法である）重視の役員報酬プランだった。」

「見識のある『エコノミスト』誌が書いたように、ストックオプションは不幸にも、『本来は株主と経営者との利益一致を目的として、経営陣の収益意識を高めさせる方法だった。しかし実際には、まったく当然なことに、多くの経営者は任期中にできるだけ短期利益を得ようとがむしゃらになった。しかし、それはとうてい株主の長期利益に合致する行動ではなかった。』」

「この新しい企業倫理は、確かに株価をつり上げ、多くの投資家を金持ちにした。だが一方で、短期的な経営手法と相まって、多くの人々の生活を破綻させた。無数の人々が終身雇用と思っていた職を奪われた。多くの人が知らない会社との合併に適応するように強制された。さらに多くの人は、自動化とグローバル化が高度に進んだ環境が、利益のためには手段を選ばないことを知った。これほど人間生活と秩序を破壊するものが、正しいわけがあるだろうか。」

長い引用になってしまったが、アラン・ケネディの主張を簡単に要約すれば、およそ次のようなことになるのだろう。

急速に進んだ株式市場の機関化を背景にした株式資本主義イデオロギーの拡散のなかで、LBOなどのM&Aが流行し、短期的に株価をあげることが経営者の至上命題になり、会社の経営が将来の利益を犠牲にしても、現在の利益をあげようということになってしまった。製造業にしてもサービス業にしても一つの製品やサービスを開発し、商品化し、販売するまでには長い時間がかかる。常時、研究開発はしなくてはならないし、それぞれの分野のプロを育成しなくてはならない。マーケティングについても、関係企業や顧客との長期の関係が重要になる。

しかし、株価至上主義のもとで、しかも四半期ごとに時価会計をしなくてはならないということになると、企業は製品やサービスを提供するために生産することよりも、資本や負債の管理に重点を置くようになる。とくに株式を保有する側の年金基金、保険会社、ファンドなどではそれが主要業務なので、市場をみながら短期的に株式を含む金融資産を売買せざるをえなくなる。四半期ごとの決算が彼らの株価を左右するからである。株価がそこそこ上がれば利益を出し、下がれば損切りをしなくてはならない。つまり、企業の株主の大部分は短期にしか株を所有せず、長期かつ安定的に株を保有する企業や個人は例外的な存在になってしまっているのである。メーカーの側にしても、短期的な株価が重要であるということになれば、なかなか長期的に資産を眠らせる研究開発などには資金を投入しにくい。また短期的にコストを削減するためには、レイオフが有効である。長期間かかって企業内でプロを育成するより、外から専門家を雇ったりアウトソースした方が安上りだ。企業内で育成することが常にベターというわけではないが、あまりのアウトソーシングに頼ってしまうと企業の人材が空洞化してしまう危険もある。

こうした状況のなかで多くのアメリカ企業は、経営者の報酬をストック・オプションなどで短期の株価や、短期の収益に連動した。数年で数十億円、数百億円を稼ぎ出し、四十代、五十代で引退する経営者が続出する。しかも、こうなってくると様々な経理上の操作をつかって当面の利益を高くしようとするインセンティブが働く。合法的な操作ならまだいいが、法律すれすれ、あるいは、法律に違反してでも利益を高くしようとする企業が出てきても不思議ではない。それがエンロンでありワールドコムだったわけだ。このところ、アメリカの監督当局はこうした企業の不正に極めて敏感になり、次々と告発し、また規制を強化している。

アラン・ケネディが指摘した株主資本主義の問題点は、ここ数年、アメリカで噴出し、監査法人も金融機関も一般企業も、そのガバナンスのあり方を再検討し始めている。株主も大切だが、従業員、取引企業、そして顧客など、他のステークホルダーも、また重要であると再認識せざるをえなくなっているのだ。

中・長期的利益を重視する日本型経営

アメリカで振子が逆に振れ出したちょうどその時、二周遅れぐらいで、日本で株主資本主義イデオロギーが高まり、M&A時代が到来しようとしている。いつものことながら、うんざりさせられるのだが、ＩＴバブルとM&Aブームがアメリカで収まったところでの展開である。しかも、テレビ会社だけではなく日本の企業全体が浮足立って右往左往しているのである。

米国で長いことベンチャービジネス育成にかかわってきた原丈人[1]は、この日本の浮足立ち現象を次のように批判している。

「今の日本の問題点はそういう根本的なことを議論せず、米国流ビジネス論理を鵜のみにした学者やコンサルタントなどがいう『企業は株主のものだ』ということを前提にして、コーポレート・ガバナンス理論を取り入れ、それをどう運用するかという方法論だけに論議が収束している点です。最近、日本の新聞社が企業の時価総額の上がり下がりのランキングを発表していましたが、これなどは企業を今解散したら、それが市場でどう評価されるかを示したものにすぎず、その企業の本業の業績とはまったく別のものです。」

「株主でも上場企業と非上場企業では違います。非上場企業の場合は、株主と企業は一体ですから、先に述べたストックオプションをはじめ、株主利益を高めるための手段が、企業の本業を充実させることにつながります。しかし、上場企業の場合は、株主は企業の業績がどうであれ、株価が上がればすぐにでも売ってしまいます。『いい株主』とされている米国の年金基金なども、しょせんは短期的なキャピタルゲイン狙いです。企業が株主のものだということをベースにしているため、現在の企業統治方式は、たとえ（経営と監督機能がより分散された）委員会等設置会社であろうがなんであろうが、おかしいのです。このことを議論せずに、委員会等設置会社がいいのか、それとも折衷型の方式がいいのかという議論をしても話になりません。」

「しかし、本来あるべき企業の目的とは、優れた商品をつくり、優れたサービスを提供して社会に貢献することであり、その結果として株が上がるという考え方のほうがまともだとは思いませんか？」

いわれてみれば当然のことである。しかし、基本論や本質論を抜きにして、アメリカ型ガバナンスを至上のものとして技術論ばかりに走っている専門家がいかに多いことか。ごく最近まで世間を騒したライブドア事件も、まさに歪んだ株主資本主義にもとずくけちなマネーゲームだったにすぎない。堀江貴文や村上世彰のような投機的マネーゲーマーに企業経営がどうのこうのと論じる資格は全くないし、それをあたかも旧体制に挑戦するヒーローのように扱うメディアもメディアだ。ちょうどアメリカでそうであったように、ＩＴバブルはいずれはじけ、法律すれすれで市場の隙をつくファンドは告発されていくことになるのだろう。

われわれは、決してステークホルダーを大切にしてきた従来の日本型経営を全面的に放棄する必要はない。株主資本主義の問題点が噴出してきたアメリカでも振子は、また逆に振れ始めているのだ。ただ、グローバルな競争が激化するなかで、企業はそれなりの防衛体制を固めなくてはならないし、当局も法整備を急がなくてはならない。金融庁も国税庁も様々な形で増殖するファンドやライブドア型ベンチャーなどへの監視の目を強めなくてはならないだろう。アメリカのSECだったら、ライブドアの行なったような時間外取引は、たとえ形式的に合法であってもチェックしていただろうといわれている。一九九七—九八年の金融危機は、法整備が充分ととのっていないなかで外資系金融機関が自由に投機できたことが一つの原因だったといわれている。なにも外資系企業やベンチャーを敵視しているわけでは全くない。しかし、形式的には合法的だが、暗黙の市場のルールを破るような行為が横行することは、日本の資本市場の健全な発達のためには決して望ましいことではない。

かつてよく言われたことだが、日本型システムは、企業の中・長期的利益を高めるためにはかなりよい部分をもっている。あまりにも短期的利益に走り過ぎてしまったアメリカ型株主資本主義を無批判に日本に導入することは決して望ましいことではない。

グローバリゼーションはアメリカニゼーションと同義ではない。しかも実験国家アメリカのモデルは頻繁に大きく振れる。決して二周遅れや三周遅れでついていくようなモデルではない。むしろわれわれは、数々のコンタクトのなかで不断に修正され、改善される日本モデルをグローバリゼーションの流れのなかで世界に発信していくべきなのだろう。

注

（1）加藤秀樹編『浮き足立ち症候群――危機の正体二一』講談社、二〇〇四年、三一〇―三一二頁。

5 二極化するアメリカ

2004 Summer

アメリカの原理主義化

先制攻撃のロジックに基ずくイラク侵攻は、ブッシュ政権のそれなりの戦略にそったものだった。周知のように、こうした戦略を主導したのは一群の新保守主義者（ネオ・コンサーバティブ）と呼ばれる人たちであった。彼らの考え方は、まだクリントン政権下であった頃に設立された外交政策シンクタンク「新しいアメリカの世紀のためのプロジェクト（PNAC）」の「設立宣言」に簡潔に述べられている。

要するに、「強い軍事力」をもって「政治的・経済的自由」というアメリカの「大義」を世界に拡大していこうとする極めて過激なイデオロギーである。一九九七年当時、こうした考え方は少数派だったのだが[1]、二〇〇一年九月一一日が状況を一挙に変えてしまったのだ。その結果、この宣言に署名した主要なメンバーたち、つまり、ディック・チェイニー副大統領、ドナルド・ラムズフェルド国防長官、ポール・ウォルフォウィッツ国防副長官らがブッシュ政権の政策を推進していくことになってしまったのだ。

このグループの特徴は、強い信念と使命感をもっていることで、その意味でかつての左翼、共産主義者たちと類似している側面をもつ。事実、彼らのうち何人かはかつて左翼思想を信奉していたといわれている。激しいブッシュ批判を展開しているジョージ・ソロスは、このグループによって主導されるブッシュの政策を次のように要約している。

「ブッシュ政権の覇権主義イデオロギーは、『自分たちは究極の真実を手にしている』と主張するもの」であり、「このイデオロギーの前提をなすのは『われわれは他の者より強いのだから、われわれのほうがよくものを知っているはずであり、正しいのはわれわれの側だ』という考えである。ここにおいて宗教原理主義が市場原理主義と合体し、アメリカの単独覇権というイデオロギーを形成することになる[2]」。

ブッシュ大統領自身がキリスト教原理主義と近く、政治的にも彼らの強い支持を受けていることはよく知られている。こうした宗教原理主義的思考が善と悪の二分法につながり、また、敵と味方の峻別につながる。事実、ブッシュ大統領の演説には悪の枢軸（Axis of Evil）とか悪人（Evil Doers）という言葉が極めて頻繁に使われている。アフガニスタン戦争、イラク戦争でも、初めは十字軍（Crusade）という言葉を使い、イスラム教徒への悪影響を考え、あわてて修正するという場面があったが、大義のために悪を糺すという勧善懲悪的な思考が、ブッシュ大統領およびその周辺に極めて強いことは疑う余地がない。

テロリズムとの戦いがイスラム原理主義対キリスト教原理主義という構図になることは、「文明の衝突」につながりかねず、極めて不幸なことだが、ブッシュ大統領と新保守主義者たちの考え方は「強い使命感をもつ過激派イデオロギー」だという点で、左翼思想ともイスラム原理主義とも通じるところをもっている。

ソロスはこの原理主義に加え、彼らが市場原理主義をも信奉しているのだと断じている。いわゆる自由放任主義を信じ、ＩＭＦや世界銀行などの国際機関は無用の長物だと論じる彼らにはたしかにそうした傾向がみられる。市場を「原理的」にしか見ていないため、逆に市場を理解できず、まともな経済政策をもっていないという批判がこの政権には絶えない。グリーンスパンが率いる連邦準備銀行はともかく、財務省や商務省がクリントン政権時に比べ、著しく弱いということは間違いない。

さて、こうした原理主義的思考と強い使命感をもつブッシュ政権が、イラク侵攻にかけたのも、それは中東の政治的安定とそれによる石油資源の確保、石油供給の安定化のためであったと考えることができるだろう。イラクが民主化され、民主化を次第に中東全域に拡大し、そのプロセスでイスラエルとパレスチナの紛争も解決していく、というグランド・デザインを新保守主義者たちはかねてからもっており、それを9・11を梃子に一気に実現に向けて走り出させたのだろう。フセインとアルカイダとのつながり、あるいは大量破壊兵器の保有がイラク侵攻の真の理由ではなかったことは、次第に明らかになってきている。これはアメリカ国民や同盟国に対するブッシュ政権の欺瞞だが、自らの「原理主義的」理想と強い使命感のもとではそうした欺瞞も一つの方便にすぎず、目的が達成されれば、それは許されることだと考えているのだろう。このあたりの思考は、まさに旧左翼そのものである。プロレタリアート革命の実現のために手段を選ばずという考え方と、中東安定化のためには国際法違反の先制攻撃も辞さずという考え方は、少なくとも質的には同じものである。目的はともかく、プロセスを大切にするという民主主義的発想とは全くあいいれない。民主主義が「原理主義化」すると民主主義でなくなってしまうというパラドックスがここに存在しているということを、ブッシュ政権とその支持者たちは気づいていない。

イラクでの非民主的圧制

たとえ「原理主義的」で非民主主義的であっても、ブッシュ政権のグランド・デザインが実現していれば、いや、実現に向かっていれば問題はこれほどひどくならなかっただろう。

しかし、戦争そのものに短期間で勝利したという一点を除いては、ブッシュ・プランはことごとく失敗しているように見える。占領軍をイラク国民が解放軍として迎えるだろうという見通しは最初から甘かったのだが、少なくともフセイン政権崩壊当初は、占領軍を歓迎するムードは存在していた。しかし、戦争終結後の都市ゲリラ的紛争のなかで、占領軍が敵を明確に峻別できず大部分の市民を事実上敵視したことで状況は一変する。今や、イラク国民の大部分が占領軍の撤退を望んでいる。

イラク情勢は安定するどころか、イラクは外国人テロリストたちにとって恰好の戦場になってしまった。圧制下だとはいえ、フセイン統治下では外国人テロリストはイラクに足を踏み込めなかった。それが今ではテロリストたちの主戦場になってしまったというわけなのだ。イラク国民には全く絶望的状況である。フセインの圧制に変わる占領軍によるイラク人の人権を無視した対テロ活動、そしてテロリストたちの跋扈。

増産されるはずだった石油生産も、テロ活動によって順調に復興できない状況である。石油関連だけではなく、多くの復興支援が中断せざるをえない状況に追い込まれている。さらにテロがサウジアラビアなどの隣国へ飛び火するにつれ、中東全体からの石油供給にも赤信号がともりかけている。アメリカと国内過激派との間の微妙なバランスをとりながら維持されてきたサウジアラビアの王制も、軋みが入り出している。もしサウジの政権崩壊、国内混乱ということにでもなれば、ブッシュ政権のグランド・デザインとは全く逆に中東からの石油供給全体が不安定化することになる。石油価格が四〇ドルを超え、当面、高値圏で推移している背景にはまさにイラク紛争の泥沼化がある。

こうした状況のなかでアブ・グレイブ刑務所での拷問事件は、致命的打撃をブッシュ政権に与えつつあるといえるのだろう。フセインの圧制からイラク国民を解放するはずだったアメリカ軍が、質的にはフセイン政権と変わらない人権侵害を行い、しかもそれが写真やビデオで世界中に流されているのである。ブッシュ周辺が主張するように、これが一刑務所の数人の軍人たちの越権行為にすぎなかったと思う人はほとんどいない。今後、様々な形での調査、情報開示によって真相は次第に明らかになってくるだろうが、イラクだけではなく、アフガニスタンやキューバのグァンタナモ基地で行われてきたことがはっきりしてくれば、軍や情報機関の組織的関与があぶり出される可能性が高いように筆者には思える。

いずれにせよこの問題の深刻さは、これによってブッシュ政権のイラク政策の「大義」が失われてしまうことにある。大量破壊兵器を理由に侵攻したその「大義」はすでに崩れてしまっているのだが、イラク民主化、圧制からの解放という「大義」が崩れることはそれとは比較にならない重みをもっている。つまり、このことは、ブッシュ政権の「原理主義」がかつての左翼やイスラム原理主義と同様、非民主的かつ人権侵害的要素を持っているということを具体的に示しているからだ。イラクにおける逮捕者の八〇%程度は誤認によるものだという。先進民主主義国家の基準からいえば、まず、この逮捕そのものが問題だし、しかも彼らの多くが拷問を受けているとすれば、圧制からの解放という看板が泣くというものである。フセイン政権の圧制が占領軍による圧制に変わっただけだと、多くのイラクの人たちが感じたとしても当然のことだろう。前述したように、問題の基本はブッシュ大統領とその周辺が自らが絶対に正しいと信じ、それを力で他国や他民族に押しつけているという点なのである。善悪二元論と強烈な使命感はしばしば圧制を生む原因になる。

「ブッシュ大統領は自由とアメリカの価値を同一視している。何が正しくて何が誤りであるかについて単純きわまりない見方をしている。われわれは正しく、彼らは間違っているというわけだ。この見方は、われわれが間違っていることがあるというオープン・ソサイエティー(3)の理念とは相容れない(4)」。

米国を二分する大統領選

最近の世論調査ではブッシュ大統領の支持率は四〇％台まで下がり、イラク情勢が泥沼化していると考えている人たちの数は六〇％を越えている。このところの支持率の急落には、囚人の拷問事件が大きな影響を与えたようだ。アメリカがその道徳的リーダーシップの基本にしてきた人権の尊重、法の支配が無残にも踏みにじられたのだから当然といえば当然のことなのかもしれない。

とくにインテリ層のブッシュ離れ、あるいは、ブッシュへの憎悪感の増大は極めて激しいものがある。前述したソロスなどはそうした動きの先頭に立っているのだが、ニューヨークなどの大都会、ボストンなどの大学町では、とくにその傾向が強い。しかし他方で、中西部や南部などでは、キリスト教原理主義者だけではなく、多くの庶民の間でブッシュの人気は相変わらず高い。多くの人々は単に支持というだけではなく、熱烈なブッシュ・ファンだといってもいい。どこの国でもそうだが、大衆は善悪二元論が好きだし、単純な勧善懲悪を好む。まさに水戸黄門の世界である。葵の御紋章をアメリカの軍事力に置き変えれば、このアナロジーはほぼ正確にマッチする。随分どじな黄門なのだが、多くの庶民にとってはまだブッシュ大統領はアメリカ的価値のシンボルなのだろう。それだけに囚人拷問問題は大統領にとって痛手なのだが、まだ半数近くのアメリカ国民は大統領を信じたいと思っているようなのである。

そして、ここで大変憂慮すべきなのは、アメリカの世論が激しいブッシュ憎悪と熱烈なブッシュ支持に真っ二つに割れてしまっていることである。少なくとも第二次世界大戦後、ここまで世論が分裂したことはないという。大統領選挙がどちらに転んでもこの分裂は収まりそうもない。しかも、かなり不利になってきている選挙戦を有利に導くためにブッシュ陣営は激しいネガティブ・キャンペーンを繰り広げるという。ジョン・ケリーは典型的東部エスタブリッシュメントのエリート、夫人とともに大変豊かな環境に育っている。教養のレベルも高く、アメリカ人にはめずらしくフランス語も大変流暢である。ブッシュ陣営は、フランスのノルマンディにあるケリーの別荘をテレビ・コマーシャルで流し、ケリーをフランス気触《かぶ》れの軟弱なインテリだといって攻撃しているという。9・11以降、アメリカ庶民が反フランス的になっているのを利用してのキャンペーンだが、いやしい選挙運動である。しかし、残念なことにこの種のネガティブ・キャンペーンはしばしば大きな効果をもつ。

こうした選挙キャンペーンの結果起こること、それはアメリカの分裂であろう。原理主義的中西部と南部の庶民、東部やカルフォルニア州などのリベラルたち。しかも移民などの増加で急速にスペイン系人口が拡大している。英語を喋らないアメリカ人の増加は、また、別の意味でアメリカの分裂を加速することになるだろう。

ブッシュが勝つのかケリーが勝つのか、相当の混戦になりそうだが、いずれが勝つ場合でも大統領は五〇%に近い激しい批判派をかかえることになる。どんなことがあっても、いざとなると、とくに戦時には団結するのがアメリカという国だったのだが、それが今、がたがたと崩れてきているようなのだ。アメリカはどこにいくのか。とくに原理主義的イデオロギーをもつブッシュが勝った場合を懸念するのは筆者だけではないだろう。

第二次世界大戦後の世界は、アメリカの強いリーダーシップでそこその平和と繁栄を維持してきた。いわゆるパックス・アメリカーナ（アメリカの平和）の時代である。ベトナム戦争や中東紛争などの局地的戦争はあったものの全体的には平和を維持し、十九世紀前半からの産業化・近代化の時代のなかで、最も高い成長率を達成したのがここ数十年だった。

しかし、アメリカの分裂、アメリカの混乱が加速するなかで、次第にパックス・アメリカーナの時代は終わりつつあるように思える。二十一世紀が再び二十世紀前半のような世界的戦争の時代になるとも思えないが、一つの秩序が崩れ、新しい秩序が生れるまでに、様々な混乱が起こり、世界は大きく変わっていくのであろう。アメリカ主導の産業化・近代化の最後の時期を経て、フランシス・フクヤマがいったように「歴史が終わる」どころか、新しい歴史が始まるように筆者には感じられる。

注

（1）宣言のなかで彼らは少数派であることを認め、次のように述べている。「強い軍事力と道徳的明快さを柱とする、このようなレーガン流の政策は、昨今は人気がないかもしれない。しかしアメリカが、去り行く今世紀の成功をさらに積み上げ、次の世紀におけるアメリカの安全と偉大さを確実にしたいと思うなら、それが必要なのである。」

（2）ジョージ・ソロス『ブッシュへの宣戦布告』寺島実郎監訳、ダイヤモンド社、二〇〇四年、一一―一二頁。

（3）哲学者カール・ポパーが提唱した民主主義国家の基本理念。人間は必ず誤ちを犯すし、人間の知識は不完全なものだとの認識にたって、多様性を認め不断の進歩をもたらすような社会のこと。

（4）ジョージ・ソロス、前掲書、一四頁。

6 二極化する世界

2007 *Autumn*

グローバル化＝「帝国化・金融化・二極化」

中央と地方、都市と農村、正規雇用と非正規雇用など、いわゆる格差が大きな政治問題となっている。そして、この格差の政治問題化は、例えば、韓国でも深刻なものとなっており、日本だけではなく世界的なものになってきている。もちろん、格差の問題はいつの時代にも存在したが、ここにきて各国で大きな政治問題になってきたのはなぜなのだろうか。一つの大きな原因は明らかに経済のグローバル化であろう。例えば、水野和夫は今回のグローバル化の大きな特色を「帝国化・金融化・二極化」ととらえ、国際的・国内的二極化について次のように述べている。

「近代は国民に均質であることを要求したが、グローバル経済の時代には国家単位の均質性は消滅する運命にある。日本に即していえば『一億総中流意識』の崩壊であり、格差拡大時代の到来である。」

「格差は構造的問題となり、景気回復では解決できない。だから、政策で成長を目指せば目指すほど時代の流れから取り残される人が増え、人々の将来への不安が高まる。その結果、将来に備えることよりも毎日の生活の充実を優先する刹那主義が蔓延し、いっそう少子化が進むことになる。」（水野和夫『人々はなぜグローバル経済の本質を見誤るのか』日本経済新聞出版社、二〇〇七年）

水野によれば「二極化」、つまり格差の原因は一国の中でもグローバル化に対応できるセクターとできないセクターに分かれ、後者は前者に比して大きく後れをとることにある。企業についても、個人についてもこの二極化は起こってくるし、また国についても、グローバル化に成功する国とついていけない国に分かれてくることになる。比較的均質な国民をベースにもった主権国家は分裂し、グローバル化のなかで次第に「帝国化」が進んでいくというわけなのだ。

歴史的に見ても、一九世紀のグローバル化の時代は英国を軸に「帝国化」が進み、国内外とも貧富の格差が拡大していった。格差解消と平等主義化を最大の目的とした共産主義の誕生、そして福祉国家路線の定着は、グローバリゼーション下の「帝国化」と「二極化」を受けてのことであった。

二一世紀のグローバリゼーションもまた新たな格差の拡大を生み、「帝国化」現象をもたらしているのだが、その様相は一九世紀のそれとはかなり異なっているように思える。というのは、技術・知識・情報のしめる比重が二一世紀に入って格段に大きくなってきたからだ。たしかに一九世紀にも情報や通信、運輸で様々な技術革新があった。しかし、現在起こってきている技術革新は、そのスケール、スピードからいって一九世紀のそれとは質的に異なるといってもいいのではないだろうか。しかも、その技術革新の波は、今後とも加速度的に大きくなっていく可能性がある。技術や知識が重要になってきたということは、人間や頭脳、学問の価値が上がることだから一見望ましいように思われる。つまり、資本や金銭より技術や知識が重要になり、資金が技術や情報を追ってM&Aやファンドの組成などが非常に活発になってきたというわけなのだ。しかし、これを格差という観点から見ると全く異なったピクチャーが見えてくる。実は、学問の世界ほど、人間の差がはっきりするところはない。工場で物を生産するということなら、工員の効率に若干の差はあっても十倍、百倍も差がつくことはまずありえない。しかし、学問の世界ではオール・オア・ナッシングということがしばしばありうる。絶えざる技術革新が企業にとって必須の条件になりつつある現在、いかに優秀な技術者を育て、かつ、企業内にとどめておくかが重要になってきている。当然のことながらこうした人たちに対する報酬は大きく上がらざるをえない。ハードの技術をもっている人たちだけではなくソフトの分野の専門家についても同様のことがいえるのであろう。

つまり、プロであるかプロでないかによって報酬に大きな差がつくことは、ポスト産業資本主義の時代には不可避であるということなのだ。現在までの日本の雇用システムは、終身雇用と年功序列を基本としてきた。この雇用・報酬体系は生活給的色彩が強く、プロと素人の間の差もあまりない。産業資本主義の時代、しかも後発組としてキャッチ・アップするためにはなかなかよく機能した制度だった。しかし、ホワイトカラーとブルーカラーを基本的には一律に処遇する制度は、ポスト産業資本主義の時代にはむいていない。プロを育て、しかも組織に長く維持しておくためにはそれなりの待遇と報酬が必要である。とくにグローバル化する経済のなかで、国際的に活躍できる人材は貴重である。こうした人材が流出してしまえば企業の競争力は、当然のことながら、劣化せざるをえない。

とすれば、企業の側はこうした流れに対応してグローバルに活躍できる人材とそうでない人たちとを、その処遇、報酬面で差別せざるをえない。現在、日本で格差問題として論ぜられるフリーターや派遣の問題もこうしたことに根をもっているわけだから、決してその解決は簡単ではない。今後、こうした格差問題にどう対応していくのかは簡単なことではない。

一九世紀の都市の貧困、そして、格差の拡大に対応して社会主義イデオロギーや福祉国家路線が出現してきたわけだが、二一世紀において同じパターンの繰返しがないとすれば、その解決の方向はどこに向っていくのだろう。

二〇〇七年七月二九日の参議院選挙では自民党が惨敗したが、年金・政治と金などとともに大きな争点となったのが格差問題であった。とくに、いわゆる一人区で民主党が二三勝六敗と圧倒的に強かったのは、地域格差の問題を正面から取り上げ、それに対応する政策を不充分とはいえ、まがりなりにも打ち出したからであった。グローバル化、都市化に取り残されつつある農漁村地域をどう扱っていくのかは、日本においても、また日本以外の国にとっても、今後とも大きな政治問題になってくるのであろう。

米国の総世帯の九五％が「貧困層」か「おちこぼれ」

日本や韓国で格差問題が深刻な政治イシューになっているが、日本や韓国は世界のなかでは大変、平等主義的社会なのである。実は、欧米の社会、とくにアメリカ社会は大変な階層社会でその格差は日本との比ではない。

小林由美はその近著（『超格差社会アメリカの真実』日経BP社、二〇〇六年）のなかでアメリカ社会を四つの階層からなる極めて厳しい階層社会だとしている。その四つの階層は、「特権階級」、「プロフェッショナル階級」、「貧困層」、「落ちこぼれ」であるという。

「一番上の『特権階級』とは、アメリカ国内に四〇〇世帯前後いるとされる、純資産一〇億ドル以上のビリオネアと、五〇〇〇世帯強と推測される純資産一億ドル以上の金持ちとで構成される、特権的富裕層のことだ。経済的にも政治的にも、アメリカ社会の頂点に立つ彼らの影響力は計り知れない。」

「その下に位置するのが、三五万世帯前後と推測される純資産一〇〇〇万ドル以上の富裕層と、純資産二〇〇万ドル以上でかつ年間所得二〇万ドル以上のアッパーミドル層からなる『プロフェッショナル階級』である。彼らは高給を稼ぎ出すための、高度の専門的スキルやノウハウ、メンタリティを持っている。」

「『特権階級』と『プロフェッショナル階級』の上位二階層を合わせた五〇〇万世帯前後、総世帯の上位五％未満の層に、全米の六〇％の富が集中している。アメリカ国内の総世帯数は一億一〇〇〇万だが、経済的に安心して暮らしていけるのは、この五

%の〝金持ち〟たちだけだろう。」

引用が長くなったが、総世帯の九五%が「貧困層」か「おちこぼれ」だというのはショッキングな事実である。しかし、これに対してはアメリカには郊外に芝生の庭がある家を持ち、自動車を二台前後もっていた中産階級がいるではないかと反論する向きもあることを著者も充分承知している。しかし一九七〇年代以降、この中産階級が分裂し、一部は「プロフェッショナル階層」になるのだが、大部分が「貧困層」に落ち込んでしまったというわけなのだ。中産階級の没落はまずアメリカで起こり、日本でも次第に顕在化しつつある。小林の分析がやや極端にみえるのは、所得などのフローではなく、純資産というストックで話を進めているからである。ちなみに、富の集中を示すジニ係数は純資産でみると一九八三年には〇・七九九だったのが、二〇〇一年には〇・八二六に上昇しているという。

所得でみたジニ係数はやや低めだが、アメリカはここでも先進国中一番不平等で、中国とほぼ同様、ロシアよりややましだがインドよりは下である。アメリカの所得格差が、しばしば格差が問題とされるインドよりひどく、中国と同程度ということを、一体どれだけの人たちがはっきり認識しているだろうか。もちろん、所得の絶対水準そのものが、インドや中国はアメリカに比べて低いので、貧困のレベルが後者の方がひどいことはいうまでもないことではあるが。

格差是正こそ官の役割

さて、格差の拡大がポスト産業資本主義の時代への社会の対応のなかで起きており、そして、その先頭を走っているアメリカでの格差が極めて大きくなっているということであれば、日本はこの問題にどう対応すべきなのだろうか。

実は、小泉・安倍内閣のいわゆる「改革」路線は、アメリカ型規制の緩和と競争の促進を目指したものであり、明らかに様々な形の格差を拡大させる結果となった。前述したように参議院選挙での自民党の敗北の一つの原因は、とくに地方でこの格差問題が深刻に受けとめられていたからであろう。

グローバリゼーションと競争の激化に対応せざるをえない企業が成果主義、能力主義に傾いていくことは、むしろ、当然の時代の流れであろう。しかし、問題は政府がこれに関してどういう対応をするかであろう。小泉・安倍内閣は市場原理主義的傾向が強く、企業の行動をチェックしたり補正したりすることをあまり重要視してこなかった。例えば、経済成長を加速すれば、次第に格差の問題は解消するのだと主張しているが果してそうなのだろうか。二〇〇一年末以来、日本経済は戦後最長の景気拡大を続けており、実質で二％を超える成長率が維持されている。これは人口が減少し始めた経済にとっては充分高いものである。まず、この成長をさらにどうやって政策的に加速していくのか。減価償却の短縮や法人税減税で、はたして成長を高めることはできるのだろうか。またそもそも賃金が平均的には上昇せず、所得税・住民税や保険料などの個人の負担が増加している時期に格差の問題を無視してまで、こうした成長政策を本当にとるべきなのだろうか。繰り返し述べているように、個別企業が競争を意識し、効率と成果を意識するのは当然のことである。しかし、政府が、市場原理主義的発想で効率のみを追求していいのだろうか。単なる規制の緩和、公的セクターの民営化だけで政府の役割が果せるのだろうか。

官と民の役割は明確に別のものである。民が資本主義社会のなかで市場と競争を軸に組織を運営するのは当然のことだが、官は市場のルールをつくったり、そこでの不正を監視したりする役割を担うとともに、市場によってもたらされた結果を補正したり、修正したりする役割ももっている。格差問題についてもしかり。官は明らかに格差を是正する役割を担わなくてはならないのだ。

しかるに小泉・安倍政権のスタンスは格差問題を直接修正するというものではなく、主として成長を加速することによって間接的に格差を修正しようというものなのだ。しかし問題は、成長の加速が本当に格差の縮小に繋がるかという点である。実は、しばしば成長の加速は格差を拡大する方向に作用する。グローバリゼーションへの効率的な対応は成長を高めるが、水野も述べているように、同時に二極化が進行し、格差が拡大する可能性が高い。たしかに一九五〇—六〇年代の高度成長は日本に幅広い中産階級をつくり、格差を急激に縮小したが、グローバリゼーション下の成長は明らかにその性格が異なるようなのだ。

とすれば、官の役割は成長をさらに加速することではなく、直接的に格差を縮小する政策をとることであろう。年金や医療が最も重要な国内政策問題として浮び上ってくるのは、この意味では当然のことであろう。ただここで重要なのは、官と民の役割をはっきり分離し、格差縮小と効率化を両立させることであろう。年金にしても医療にしても官がこれを一〇〇%カバーすることは、社会主義国家でない限り不可能である。年金について述べるならば、官は税方式による基礎年金をカバーし、保険料方式で積立型の二階部分については民が担うのが適切であろう。税によって最低年金の保証をし、それを超える部分については自助努力にまかせるということであろう。それに積立部分の運用については民の側にノウハウが蓄積されており、官がこれを行うと大きく効率性が損なわれることになってしまう可能性が高い。社会保険庁の度重なる不祥事は、まさにこの部分での官の非効率性が表面化したものであろう。

技術や知識が中心になる社会では、教育や能力による格差が拡大する可能性が高い。先に指摘したように、アメリカではその格差が拡大し、しかも、それが階層として固定化してしまっている。結果として質の高い教育を受け、能力を開発できるのは富裕層だけで、貧困層やおちこぼれは、まともな教育も受けられず底辺に沈澱することになってしまう。ここでの官の重要な役割は、教育における機会の平等を保証することである。初等・中等教育での公的教育の充実がその基本だが、残念ながら日本でも公的教育の質の低下が大変な問題になってしまっている。明らかに、より大きな公的資金をこの分野に投入すべきであろう。高等教育については、奨学金制度をより充実して、能力はあるが貧しい青年たちをサポートするべきである。

格差問題で重要なのは、地方格差である。地方をいかに振興し、そのためにどう一次産業を活性化するかが枢要であろう。とくに規模の小さな農業者、漁業者をどう補助し維持していくかが問題になる。ここでその対策を詳述することはできないが、年金・医療・教育と並んで第一次産業の活性化が格差縮小の重要なポイントであることは、充分認識されなくてはならない。

7

世界経済の構造的変容

2005 Winter

長期間続くデフレ

二〇〇三年三月、世界の景気回復がまだ本格化していない時期だったが、筆者は『構造デフレの世紀』という著作を発表し、デフレが構造的であり、二十一世紀に入っておそらく長期間続くだろうと予測した。(1) 同じ時期デフレに関する多くの著作・論評が発表されたが、例えば、水野和夫は筆者とほぼ同様の視点からこのデフレ現象が十七世紀、十九世紀以来の百年単位のものであると論じた。(2)

その後、アメリカや日本での景気回復が順調に推移し、中国がバブル的高成長のなかでデフレからインフレに転じていくなかで、この種の「構造的」デフレ論は下火になってきている。今や、多くのエコノミスト、アナリストたちの関心は日本がいつデフレを脱却できるのか、日本銀行がいつゼロ金利を解除できるのかに移りつつある。

しかし、二〇〇三年一〇―一二月、二〇〇四年一―三月に実質GDP成長率が六%を超えたにもかかわらず、日本のGDPデフレーターはあい変わらず二%以上のデフレ状態にある。順調な景気回復のなかでも、食糧・エネルギーを除いたアメリカのコアー・インフレーションは一％台である。従来、こうした景気回復の局面では、少なくともインフレ率は二―三％、三―四％台には達し、長期金利は大きく上昇していくものだった。しかし、日本では十年国債の金利が一・五％前後、アメリカの十年後の金利も四％台から大きく上昇する気配を見せていない。

部分的なバブルを含む景気回復の影響もあって、石油価格、鉄鋼価格など原材料価格は急騰しているのだが、これがなかなか川下の製品価格に及ばない。このままの状況が続けば何らかの転嫁はあるにしても、とてもインフレーションに火がつくというような状況ではない。あの石油危機の時、一般物価が二〇―三〇％も急上昇したのが全く嘘のようである。明らかに何かが過去と大きく違ってきているようなのである。

経済構造自体の変容

フェルナン・ブローデルは歴史を、構造・循環・事件史の時間の三層構造のなかでとらえ、「さまざまな面を透して」事件史を分析し、特定の現象を「事件史から抜け出」させる必要を説いた。(3)

　おそらくこのデフレの問題を分析する際も、このブローデル流の時間の三層構造に留意することが大変重要なのではないだろうか。もっとも筆者が「構造デフレ」と言うときの構造の概念は、ブローデルのそれとかなり異なる。ブローデルの「構造」は、地理的条件などの時間の推移のなかでほとんど変わらないもの、あるいは、極めて緩やかにしか変化しないものを指しているが、私の言う「構造」は、例えば百年単位で大きく変化するものである。ブローデル流に言うならばそれは「長い循環」であって「構造」ではない。「構造」と呼ぶか、「長い循環」と呼ぶかはともかくとして、世界経済がそうした構造変化、あるいは長いサイクルの中に入っていることは短期的な景気回復、部分的インフレ現象のなかでも変わらないのではないだろうか。

　つまり、今の世界経済、そして日本経済は、構造的デフレ（あるいはデフレの長期循環）のもとでの短期的景気回復の時期にあるということなのだろう。長期のデフレ循環と短期のインフレ循環が重なりあっている、と言い換えることもできるかもしれない。そしてこの構造面、あるいは、長期循環面に留意しないと金利や物価の先行きの読みを誤ることになってしまう。順調な景気回復、原材料価格の高騰にもかかわらず製品価格が上昇せず、長期金利が上っていかない背景には長期的構造デフレの現象があるのだ。

この意味で今回の景気回復は、日本でもアメリカでも、過去の景気回復の局面とは大きく異なっている。経済分析、とくにモデルやチャート分析は、構造が不変だとして過去のデータから現状や将来を予測することが多い。しかし、もし大きく構造が変化しているという筆者の仮説が正しいとすれば、こうしたモデル分析やチャート分析があまりあてにならないということになる。過去のパターンからは、当然インフレ・高金利になっているべきものがどうしてなっていないのか、という基本的疑問に答えることもなく従来通りの分析を続けることは、大変問題だといわなくてはならない。定形化され、数量化されたモデル分析は、こうした時期、致命的過ちを犯す可能性が高い。大切なことは、本来の意味で考えることであり、従来までの公式や理論に盲従しないことなのだろう。

デフレと市場統合・技術革新

それでは、どうして「構造的」デフレ現象あるいは長期的デフレ循環が起こってきているのかを、もう一度整理して分析してみることとしよう。水野和夫は単純化していえば、市場統合の時代には長期的デフレ現象が起きるとし、十七世紀、十九世紀とともに二十一世紀がそうした時代になると述べているが、その通りであろう。[4] より具体的に言えば、EUやNAFTAそして今、アジアで起こりつつある市場統合である。ここで留意しておきたいのは、アジアも、ヨーロッパとは全く異なった形ではあるが、市場統合が急速に進んでいる点である。ヨーロッパは政治主導で次々と組織や制度（一九五二年の石炭鉄鋼共同体から一九九九年のユーロ創設まで）をつくっていくことによって市場統合を進めたのだが、アジアは企業が主導して生産のネットワーク、サプライ・チェーン・ネットワークをつくることによって統合が進んできている。市場統合というとどうしてもヨーロッパ型を多くの人はすぐ想起するが、企業先行型のアジア型統合もあるということも充分認識しておきたい。[5] つまり、ヨーロッパ大陸でも、アメリカ大陸でも、アジアでも、異なった形ではあるが、今、急速に市場統合が進んでいるのである。

こうしたなかで、とくに日本にとって重要なのは、アジアで急速に進んでいる市場統合である。日本の製造業を中心とする二〇〇二年以来の収益のV字型回復と株価の上昇も、このアジアにおける製造ネットワーク、サプライ・チェーン・ネットワークによるところが大きい。日本の製造業のいわば構造改革は、アジアの市場統合のなかで進み、また、そのことによってコストの大幅削減、収益の急激な上昇を達成することができるのである。そして、アジアにおける市場統合が閉ざされたものではなく、アメリカにもヨーロッパにも開かれたものであったことは、競争を激化し、効率化をいやおうなく高めることに寄与したのである。

こうした激しい競争のなかでは、大企業といえども、価格をコントロールしたり、これに強く影響を与えることができない。つまり、鉄や石油などの原材料価格が大きく上昇するなかでも、これを製品価格に転嫁することは大変難しいのである。さらなる効率化・コスト削減を実現することによって収益の減少をくいとめる以外、原材料価格上昇に対応することは難しい。しかも、まだまだネットワークを強化することによってコストを削減することは、充分可能である。というのは、この製造ネットワーク、サプライ・チェーン・ネットワークはつくられ始めたばかりだからである。そしてこの点では、「構造的」デフレが市場統合だけではなく、技術革新の大きな流れに支えられていることもまた、重要であろう。次々と新しい技術が展開していくなかで、コストを削減することはそれほど難しいことではないし、また、そうした対応をしなければ競争のなかで生き残っていけないことになる。技術革新と市場統合、その二つがセットになって、コスト削減、生産性向上を支えているると言えるのであろう。ＩＴ分野だけではなく、バイオや医療の分野でも技術は急速に展開してきている。加速こそすれ、技術革新の大波がとまってしまう可能性は今のところない。

つまり、今、われわれが経験しつつある「構造的」デフレは、巨大な技術革新の波と急速に進む市場統合によって引き起こされているのである。そして、少なくとも当分の間、この二つの大きな流れは継続していくと考えられる。「構造的」デフレは、原材料価格の上昇にもかかわらず、世界経済の底流にとうとうとして流れているのである。

中国・インドの世界経済への再登場

市場統合はまずヨーロッパで、そしてNAFTAという形でアメリカ大陸で進んできた。そして前述したように、アジアでも、企業が先行する形で統合は急速に展開し始めている。ただここで留意したいのは、アジアの市場統合がヨーロッパやアメリカのそれとかなり異なっているという点である。企業先行、市場主導という点で政治主導、制度主導型の統合と違うという点はすでに指摘した。しかし、まさに市場主導であるが故に、この統合は通常の地域統合というパターンとかなり異なっている。たしかにアジアの市場統合で、域内貿易や域内直接投資は急速に増加している。しかし、同時にアメリカやヨーロッパとの貿易や投資も増えてきている。つまり、アジアの地域統合は、地域統合でありながらグローバルな側面をもったものでもある。

この展開は、十八世紀以前の世界経済におけるアジア（インド・東南アジア・中国など）のポジションを想起させる。つまり、七・八世紀から十八世紀までの間、アジアは明らかに世界貿易の中心にあった。インドのダウ船や中国のジャンク船は、東シナ海、南シナ海からインド洋、アラビア海を中心に東アジアからアラビア、そして東アフリカまで広く交易をしていたし、また、そこにアラビア商人やユダヤ商人、ヨーロッパ人たちも参加していた。しかし、明らかに交易の中心は、インドや東アジアであり、綿や絹製品、茶や陶器のようなアジアの物産であった。ここで近世のアジアの海を中心とした交易の歴史を詳述するつもりはない。筆者が指摘したいのは、十八世紀から十九世紀はじめまで、つまり欧米の帝国主義が軍事力でアジアを植民地化するまでは、アジアが世界経済と世界貿易の中心であったという点である。アンガス・マディソン(6)によれば、一八二〇年という欧米帝国主義がアジアを席巻し始めた時期においてさえ、中国とインドの世界のGDPにしめるシェアは、両国で四四・七％であった。つまり、十九世紀はじめにおいて、中国は他をよせつけない世界第一の経済大国であり、インドはそれにつぐ大交易国家だったのだ。一八二〇年、すでにその版図を世界的に拡げつつあったイギリスのGDPシェアはわずかに五・二％であったにすぎない。

おそらく、今、アジアで起こりつつあることは、この歴史的経済大国である中国とインドの世界経済への再登場であろう。中国十三億人、インド十一億人の人口は世界人口の三分の一を超える。これにＡＳＥＡＮの五億人強、日本の一億人強を加えると、東アジア、南アジアは、世界の人口の半分以上を有している。そして今、この地域の市場統合が急速に進むことによって、世界経済は大きく変貌し始めているのだろう。世界経済の大きな時代の流れは、十九世紀・二十世紀の欧米中心の時代から、再び、アジアにむかいつつあるように思われる。

現在進んでいるアジアの市場統合は、中国を中心とし、そこに日本・ＡＳＥＡＮなどが加わる形で進んでいる。インドは、まだＩＴなどを中心にアメリカやヨーロッパとの結びつきの方が強く、アジアの市場統合のプロセスのなかに大きく入ってはきていない。しかし、グローバルなネットワークをもちながらインドがアジアの市場統合のなかに入ってくるのは、おそらく、時間の問題だろう。中国のＩＴ産業がインドとの関連を強めながら大きく展開し、インドの製造業が伸びていくなかで、そうした流れは、少なくとも十年単位で見ればごく自然のように思われるからだ。もちろん、二十一世紀の歴史の展開を予測するのはそう簡単なことではないし、単に十九世紀以前の世界に戻るといったような単純なものではないことは自明である。しかし、世界経済の重力の中心が次第に西から東へ戻り始めていること、そして、それが単なるアジアの地域統合ではなく、アジアを中心とする世界経済の再編成であるらしいことは、どうもかなり確かなことのように筆者には思われる。

つまり、「構造的」デフレの背景には、世界経済の数百年単位の大きな構造変化が存在しているようなのである。中国やインドの世界経済への再参入は、世界全体の生産の構造とそのネットワークをすでに大きく変えつつある。中国を中心として東アジアは、今や、世界の重要な生産基地であり、石油や鉄鋼など、世界のエネルギー・原材料の主要な輸入国になりつつある。

そして、生産活動の力強い展開は、次第にこの地域での新しい中産階級を生み始めているように思われる。日本はアジアにおける中産階級先進国であり、かつては、中国やインド、そして東南アジアでは、所得や資産格差が大きく、中産階級は大きくは育っていなかったということができるのだろう。しかし、今や、新しい展開が中国や東南アジア、そして、インドでも起こりつつあるように思われる。北京や上海、そして大連、あるいは、バンガロールやハイデラバードで新しい中産階級が育ちつつある。まだまだ動きは始まったばかりではあるが、この展開は筆者には非常に重要であるように思われる。つまり、アジアが次第に世界の生産基地であることに加え、世界の消費基地にもなりつつあるということなのだ。

おそらく、このアジアでの最終需要の爆発は、世界の構造変化をさらに加速することになるのだろう。

いずれにせよ、「構造的」デフレの背景には、こうした歴史の大きな構造変化が存在し、この流れは少なくとも当分の間加速こそすれ、後退することはないように思われるのだ。

注

（1）榊原英資『構造デフレの世紀』中央公論新社、二〇〇三年。
（2）水野和夫『100年デフレ』日本経済新聞社、二〇〇三年。
（3）フェルナン・ブローデル「最後のインタビュー」、井上幸治編集・監訳『フェルナン・ブローデル』新評論、一九八九年、一八六―一九七頁。
（4）水野和夫、前掲書。
（5）アジア型市場統合とヨーロッパ型の比較については、例えば次の論文を参照されたい。Eisuke SAKAKIBARA and Shanon YAMAKAWA, “Market-Driven Regional Integration in East Asia”, Paper Presented for the Workshop on “Regional Economic Integration in a Global Framework”, sponcered by the European Central Bank and the People's Bank of China, held on 22-23 September, 2004 in Beijing, China.
（6）アンガス・マディソン著、金森久雄監訳『世界経済の成長史　一八二〇―一九九二年』東洋経済新報社、二〇〇〇年。

8 グローバル化の本質と教育の重要性

2006 Summer

階層経済から多極化経済へ

トーマス・フリードマンの『フラット化する世界（上・下）』（伏見威蕃訳、日本経済新聞社、二〇〇六年）が翻訳され、話題を呼んでいる。原文は二〇〇五年に発行され、アメリカで大ベストセラーになっている。日本語版は、二〇〇六年刊行の初版に手を加えた改訂版を翻訳したものである。トーマス・フリードマンは『レクサスとオリーブの木――グローバリゼーションの正体（上・下）』（東江一紀・服部清美訳、草思社、二〇〇〇年）の中でグローバリゼーション（レクサス）と地域固有の文化（オリーブの木）の交叉する光景を巧みに描き出したが、本書ではグローバル化という言葉を一切使わず、フラット化という表現で統一している。

グローバリゼーションという言葉、あるいは概念はグローバル・スタンダードという単一の基準が存在し、それによって世界が画一化されるというニュアンスをもっている。事実、多くの人々がグローバル・スタンダードという言葉を使い、世界が一つの基準によって統合されるのだと論じている。そして、しばしばこのグローバリゼーションという言葉は、アメリカニゼーションと同一視される。世界唯一の超大国としてアメリカがグローバル基準の決定に大きな影響力をもっているからである。

このグローバリゼーション、アメリカニゼーションの理解の仕方については、反グローバリゼーション、反アメリカニゼーションの立場にある人々もほぼ同じだ。統一的な基準によって自国や地域の文化が圧迫され、結局は消えていかざるをえないと論じているのだ。

しかし、本当にグローバリゼーションというのは、ブルドーザーのように地域の文化や伝統を踏みつぶしていくものなのだろうか。たしかにそういう部分も少なくない。「株主主権」や「時価総額至上主義」が一時、アメリカや日本などでグローバル基準としてもてはやされ、堀江貴文や村上世彰らが時代の寵児になっていったのは事実だ。しかし、結局、彼らは逮捕され、彼らだけではなく、多くのマネーゲーマーたちは追いつめられてきている。また、マクドナルド、ケンタッキー・フライド・チキンなどのファストフードが世界を席巻し、食のアメリカ化を促進しているが、他方でイタリア発のスローフード運動が世界に拡がり、日本料理なども世界的ブームになってきているのだ。つまり、今起こっていることは、必ずしもグローバル基準による画一化の流れだけではなく、それぞれの規制当局による監督強化やローカルな文化の発信の拡大でもあるというわけだ。

とすれば、グローバリゼーションという概念で現在起きてきている世界の仕組みの巨大な変化を表現することは、適切ではないということになる。フリードマンが「フラット化」という言葉をグローバル化に代えて使うのはまさにそういう理由からなのだ。

では、「フラット化」というのは、一言で言うとどういうことになるだろうか。「フラット」という言葉の反意語は、「ヒエラルヒー」(階層)であろう。つまり、世界はアメリカを頂点とする階層経済から、インドも中国もロシアも同じレベルで参加する多極化時代に入ってきているというのだ。ヒエラルヒーの典型である軍でさえフラット化が進行しているとフリードマンは、次のように述べている。

「……われわれに同行していた将校の言葉に、私はふたたび度肝を抜かれた。この技術によって軍のヒエラルヒーは『フラット化した』と将校がいったのだ。コンピューターを操作する下級将校や下士官が、大量の情報を知る立場になり、収集された情報について決断を下す能力を持つようになったのがその理由だという。たしかに、中尉が上官に相談せずに銃撃戦を開始することはないだろうが、幹部将校だけが全体像を把握しているという時代は終わった。軍の競技場も平坦に均されている。(1)」

フリードマンはフラット化をもたらした理由を一〇掲げているが、そのうち主なものを簡単に説明すると次のようになる。

一、インターネットの普及と、接続の新時代。これはわれわれが日常経験していることで、とくに説明の必要はないだろう。つまり、世界のどこからでも、ほとんどコストをかけずどこにでも接続し、知識や情報をえられるということだ。

二、共同作業を可能にした新しいソフトウェアー。技術のさらなる展開は、接続し、ただ情報を交換するというだけではなく、世界中からの共同作業を可能にする段階に入ってきたのだ。

「こうしたことが組み合わさって、共同作業のためのまったく新しいグローバル・プラットホームのおおざっぱな基礎ができあがった。こうした世界フラット化の創世紀は、一九九〇年代半ばから末にかけて形を成していった。この新しいプラットホーム（たとえばビジネスウェブ）が完全に姿を現して集束するまでには、さらに時間を要した。それが実現するのは二〇〇〇年代の話だ。しかし、この一九九〇年代半ばから末にかけて、人々は大きな変化を感じはじめていた。共同作業のためのプラットホームが突然使えるようになり、世界のどこからでもプラグ&プレイができ、競争に参加し、接続できるようになった——作業をシェアし、知識を分かち合い、会社を立ち上げ、商品やサービスを創造したり売ったりできるようになった。『特異な性質を備えたこのプラットホームの創造は、きみがいう世界のフラット化を可能にする、永続的な一大飛躍になったんだ。』と、マイクロソフトのクレイグ・マンディは断言する。その理由について、ＩＢＭのジョエル・コーリーはこういっている。『お互いのコミュニケーションが増えただけではなく、共同作業もできるようになった——連合、プロジェクト、製造も行なえるようになった——従来とはまったく違う水準で[2]』

こうした技術進歩に支えられて様々な共同作業が可能になったのだ、とフリードマンは共同作業の六つの形を列挙する。すなわち、「アップローディング」、「アウトソーシング」、「オフショアリング」、「サプライ・チェーン」、「インソーシング」、「インフォーミング」である。それぞれの詳しい説明についてはフリードマンの著書を参照していただくことにして、ここでは典型的な共同作業であるアウトソーシングとサプライチェーンに若干触れておこう。アウトソーシングについては、様々な会計事務や金融業務などが欧米や日本などからインドなどへ委託されていることが、すでに広く知られているところである。日本でも、新生銀行がそのシステム業務を全面的にインドにアウトソースし、そのコストが大幅に削減したことはかなり有名になっている。サプライ・チェーンについてもフリードマンが言及しているウォールマートだけではなく、すでに日本でもブックオフやアスクルなど様々な会社がウォールマートほどの規模ではないが、そうした事業を展開し始めている。

ローカル性やアナログ性が価値を生む

さて、このような急速な技術的進歩を背景にしたフラット化を論じると、時代の流れについていくための新しいビジネスモデルの構築の必要性や、グローバルなビジネス展開がすぐ頭に浮ぶ人が多いかもしれない。それもたしかに必要ではある。しかし、ここでより本質的な問題は、アメリカや日本のような先進国では、システム化やグローバル化に加えて、差別化が極めて重要になってくるという点である。つまり、フラット化した世界では、システム化できる仕事はインドや中国でより低コストでかつ効率的にできるわけだから、アメリカや日本が生き延びていくためには、彼らと異なった優位性をもたなければならないということになる。つまり、システム化、アウトソース化されない技術や知識をもたなくてはならないというわけなのだ。皮肉なことにデジタル化され、フラット化された世界で本当に貴重なのはアナログの技術であり、知識であるということになる。

「いかにアウトソースの時代といわれても、ほんとうにプロフェッショナルな技術者やサービス提供者の育成を、企業はそう簡単には手放せません。（アナログな）技術や情報が重要になればなるほど、企業にとって人間が、プロフェッショナルな人材が大切になるのは、むしろ当然のことなのです。」

「そうなると、いま問題なのは、単なるサラリーマン、つまり《だれでも容易に入れ替わるルーティン業務をする人材》のこれからです。いまの企業は、プロフェッショナルを一から養成し、特技をもっていない人をプロに変えていく余力を次第に失ってきています。ですから今後一番不安定になるのは、企業にいながらプロフェッショナルたりえていない人たちなのです(3)」

つまり、極端な言い方をするとフラット化の時代にはサラリーマンは必要がないということなのだ。フリードマンはこれを次のように述べている。

「……世界がフラット化すると、階級制度はひっくりかえる。たとえはよくないが、フラットな世界では、誰もが無敵の民になろうとしなければならない。私の辞書の無敵の民とは、『自分の仕事がアウトソーシング、デジタル化、オートメーション化されることがない人』を意味する。ここが肝心なところだ。アナリストのデビッド・ロスコフがいうように、失われる仕事の大半はインドや中国にアウトソーシングされて失われるのではない——『過去にアウトソーシングされて』失われるのである。つまり、デジタル化もしくはオートメーション化される。(4)」

この一見パラドクシカルに見える現象こそ、フラット化の本質である。筆者はよくグローバリゼーションはローカリゼーションと同時並行的に進んでいると論じることがあるが、いわんとするところは同じことである。グローバル化し、デジタル化すればするほど、ローカルなもの、アナログなものの価値が上がるというわけなのだ。機械化が進んだからこそ、手づくりの価値が上がるのと同様の現象である。

このパラドックスを日本の現実にあてはめて考えてみると、自然に今日起こっている現象をより深く理解できるのではないだろうか。堀江貴文や村上世彰は、株主主権や時価総額至上主義といったアメリカ的、あるいは、グローバルな価値だけを追い求め、塀の中に落ちてしまった。たしかに、彼らは法律を犯したから逮捕され、起訴されたのだが、彼らのエピゴーネンたちはまだ日本に山ほどいる。いや、多少極端に言うと、まだ日本人の多くが、そうしたアメリカ的価値やデジタルなモデルで行動しようとしているといってもいいのだろう。しかし、先ほどから繰り返し述べているように、われわれ日本人の価値は、日本人であるという差別化のなかにあるのであり、猿真似のアメリカ化やデジタル化のなかにはない。

もちろん、筆者は、グローバル化やデジタル化そのものを否定しているわけではない。そうした流れが激しく進んでいるからこそ、ローカルな文化や伝統によって差別化することが重要になるのであり、アナログな技術やサービスの価値が高まるのである。こうしたアンビバレンスを理解できない、単純なアメリカニストやナショナリストが近頃論壇に増えてきているのは、実に嘆かわしい限りである。

意欲と職業意識を育む教育

　このように考えていくと、このフラット化時代のアメリカや日本で大変重要なのは教育であるということが理解できるだろう。先進国のサラリーマンだからとか、大企業の従業員だからという階層的考え方は、もうアメリカでも日本でも通用しないからだ。フリードマン流にいうと「無敵の民」に誰もがならなくてはいけないのである。

　ひるがえって日本の教育を見た時、はたしてそうしたプロフェッショナルになるための訓練が行われているだろうか。ゆとり教育を推進した文科省の寺脇研は、「競争の時代はもうおしまい」と、「無敵の民」になるのと全く逆の方向へ日本の教育を向けてしまい、近年若干の修正が行われたものの、教育の惨状は大きく改善する兆しすら見せていない。

　実はフリードマンもアメリカの教育に危機感をいだき、プリンストン大学のA・ブラインダーを引用して次のように述べている。

　「アメリカその他の裕福な国々は、自分たちの社会に実際に存在する労働者を生み出す教育システムに移行しなくてはならないだろう……教育の程度を単純に高めるのは、長い目でみればいいことかもしれない。教育程度の高い労働力は、柔軟性も高く、ありふれていない仕事や職業の変更にもついていけるからだ。しかし、それは特効薬にはならない……将来的には、子供にどの程度まで高い教育をほどこすかではなく、どのように教育するかが重要になるはずだ。(5)」

プロフェッショナルとは別に、医師や弁護士、あるいはシステム・エンジニアだけではない。料理人もホテルのサービスマンもプロであるし、また、パートのスーパーの店員だってプロになることはできる。要は、常に学ぶ意欲をもち、好奇心旺盛で仕事を楽しみ、生きがいにできるということだろう。

三浦展は『下流社会』のなかで日本の若者の意欲のなさを指摘し、「コミュニケーション能力、生活能力、働く意欲、学ぶ意欲、消費意欲、つまり総じて人生への意欲が低い」「下流」の若者が増えてきたと指摘している。(6) つまり、若者も、親たちも、そしておそらく多くの教育者も二十一世紀の大転換についていけず、戸惑い、方向感を失い、結果として意欲を失ってきてしまっているのだ。

十九世紀から二十世紀末の近代化の時代、日本は欧米と並んでアジアで唯一近代化・産業化に成功し、いわばアジアの優等生だったのだが、今や、様々な統計や世論調査でみると、最も迷いが多く意欲が低い国の一つになってしまっているようなのだ。

近代日本の啓蒙家であった福澤諭吉は、かつて、「天は人の上に人を造らず人の下に人を造らずといえり」として、生来の平等な人間に差異をもたらすものとしての学問の意義を説いた。西洋の知識と学問を早く摂取し、日本の近代化をはからなければ西洋に植民地化されてしまうという明治日本の危機感がそこに反映されていたのだろう。

今や、日本はポスト近代の二十一世紀において、フラット化についていけないという、ポスト近代化の危機に直面している。福澤とは、また、異なった意味での「新・学問のすすめ」が是非必要な状況になってきているのだ。

注

（1）トーマス・フリードマン『フラット化する世界（上・下）』伏見威蕃訳、日本経済新聞社、二〇〇六年。
（2）同書。
（3）榊原英資『黄金の人生設計図――人生九〇年をどう生きるか』中央公論新社、二〇〇六年。
（4）トーマス・フリードマン、前掲書。

（5）トーマス・フリードマン、前掲書。
（6）三浦展『下流社会――新たな階層集団の出現』光文社新書、二〇〇五年。

9 鍵を握る農と食

2005 Autumn

見直される食の工業化

世界の文明を語る時、通常、われわれは、約一万年前の農業革命による狩猟・採集の時代から農耕・牧畜時代への転換、そして数百年前の産業革命による農耕・牧畜時代から工業化時代への移行を二つのメルクマールにしている。最初の革命は明らかに食文化の大転換であるが、第二の転換点では製造業が強調され、食文化は脇役に退いている。産業革命の最初の展開は繊維産業によるものであったから、文明の主役が食から衣に移ったと言うこともできるかもしれない。

近代は、たしかに産業化、工業化の時代であった。しかし、生活様式の中心、つまり、文化の中心が衣・食・住であるという基本的な構造が変わったわけではない。繊維産業の発展による衣の充実、建築業・自動車産業などの展開による住環境の整備と新たな拡大など、人間の生活のパターンは大きく変わっていった。しかし、食が依然として人間生活の重要な要素であるという点が変化したわけではない。とくに、かつて食の一部分であった医療や薬品の分野を含めてみると、食が今でも、文化の中心を占めていると言えなくもない。脱工業化・

脱産業化の時代は、サービス業の時代だともいわれる。そして、サービスの重要な部分が、医療や健康など、食とも密接に関連する分野なのである。工業化時代、産業化時代は、食も大量生産のシステムにかなり組み込まれ、牛肉や鶏卵・鶏肉の大量生産、ビールやソフトドリンクなどの大量生産が行われ、ファストフードの世界が大きく拡大していった。また、スーパーマーケットやコンビニエンスストアなどが大量販売を展開していく中で、食の世界も大きく変わっていった。

しかし、情報化の進展、医療技術の急速な発展のなかで、工業化時代も終わりの始めを迎えつつある。工業化された食も、健康や安全という視点から見直しが始まり、ファストフード文化も変わり始めてきている。おそらく、ポストモダン社会の一つのポイントは、食文化のあり方にあるのではないだろうか。十九―二十世紀の工業化の時代、食もまた、工業化されたが、その性格上、必ずしも完全に工業化されることはなかった。アメリカのファストフード文化が急拡大するなかで、同時併行的に現代フランス料理も完成されていったのである。人工的飼育や養殖は可能だし急成長はしたが、食と自然の関係を完全に断つことはできない。工業化された食から、自然との循環を重視する食への移行が、二十一世紀には次第に起こってくるのではないだろうか。そして、また、そのなかで医食同源の思想が再び登場してくるのだろう。

米の文明と小麦の文明

世界の文明を食の視点から見た場合、三つの大きな型に区別されると言われている。日本・韓国・中国と東南アジアの米の文明、ヨーロッパ・イスラム・北インドの小麦の文明、そして南北アメリカのトウモロコシ文明である。これにおそらく遊牧民族を加えれば、世界の文明のパターンはこのどこかに区分けすることができるのであろう。小麦と米の文明は、陸と海のシルクロードなどを通じて早いうちから交叉したし、また、トウモロコシ文明もコロンブスの新大陸発見を契機にユーラシア大陸と交流していくことになる。食に関する限り、近世から近代にかけて、三つの文明は、ほぼ完全に混りあうことになる。

しかし、米の文明と小麦の文明では、その自然観と宗教において決定的差異が長い歴史のなかでつくられていったとしばしば分析される。米の文明、稲作漁労文明は、モンスーンアジアに育っていくが、例えば、安田喜憲はモンスーンアジアの特色を次のようにとらえ、西洋文明と比較している。

「……モンスーンアジアでは、雨が植物の生育に適した夏に降るため、森が発達した。モンスーンアジアの文明は森の文明であり、その自然観も森とのかかわりあいをぬきにしては語れない。まず第一に、豊かな森は栄養分を海に運び豊穣の海を生み出した。モンスーンアジアの海は魚介類が豊富である。モンスーンアジアの文明は、豊かな森と海の資源を背景として発展し、その自然観もまた豊穣の森と海のかかわりあいをぬきにしては語れない。」

「さるに夏に多量の雨が降るということは、夏作物に依存する生業の体系をつくりだした。モンスーンアジアを代表する夏作物は稲である。これが第二の点である。この稲作の普及と発展が、モンスーンアジアの人々の自然観の形成にも大きな影響をもたらすことになった。」

「モンスーン気候の特徴が、東洋の自然観の形成に大きな影響を与えた第三の点は、モンスーンアジアの雨の降り方が、集中豪雨や台風をともなった激しいものであるということである。……こうした豪雨は、自然の猛威となって災害をもたらし、モンスーンアジアの人々を長らく苦しめた。」

「このため和辻が指摘したように、モンスーンアジアの人々は、自然に対抗することを断念し、自然に対して受容的、忍従的にならざるをえなかった。人々は自然に対して畏敬の念を持ち、自然の神々を敬うアニミズムの世界観を長らくもちつづけた。そこでは自然は人間の力を超越した母なる大地であり、自然は人間が保護する対象ではなかった。」

「『森の風土の特色は、循環ということである。』森は春には若芽が芽吹き、夏には青葉の季節となり、秋には木の実の収穫の季節を迎えるが、冬には死んだように静まり返る。しかし、翌年の春にはまた森は若芽を吹きかえし、よみがえる。『森は命の永劫の再生と循環を繰り返している。』そんな森とともに生きたモンスーンアジアの人たちの歴史観もまた、再生と循環によって特色づけられる。」

「森が生まれ変わるように、生きとし生けるもの、命あるものすべては生まれ変わる。森の風土の歴史観は、『円環的循環史観』である。こうした歴史観のもとに、仏教の輪廻《りんね》の思想も誕生した。近代ヨーロッパの歴史観が、直線的発展史観であるのとは、根本的に世界観が異なる。(1)」

トウモロコシ文明は、ヨーロッパ人たちによってほとんど根絶やしにされてしまったが、稲作文明は、近代産業社会をつくった小麦文明に圧迫されながらも生き残り、二十一世紀の新しいアジアの時代に再び花開く可能性も出てきている。気候風土、環境と結びついた食文化が文明の形をつくり、時代をつくっていっているのである。

食料生産とヨーロッパの覇権

西洋近代は、ウォーラーステインのいう長い十六世紀から始まったという説が有力である。コロンブスの新大陸の発見、ヴァスコダ・ガマの喜望峰航路の発見などによって、スペイン、ポルトガルなどのヨーロッパ諸国が直接世界に進出し、世界＝経済が次第にヨーロッパ中心につくられていったのである。

近世の香辛料貿易を中心とするアジアからの物産の輸入は、イスラム商人やイタリア商人などによって独占され、彼らは大変な利益をえていたが（例えば十五世紀のクローブの輸入は原産地での価格の三六〇倍でヨーロッパで取引されたという）、ヴァスコダ・ガマなどによる新航路の発見で独占は崩れ、香辛料などの価格は大きく下落した（クローブの三六〇倍は六〇倍ぐらいまで下っている）。

近世の世界貿易は、基本的にはヨーロッパ諸国が銀や金で中東やイタリア諸都市を通じてアジアから香辛料や絹・陶磁器などを輸入するというものであり、インドがしばしば仲介貿易の軸になっていた。インドは綿を東南アジア諸国に輸出し、見返りに香辛料を輸入、これを銀と引き替えにヨーロッパへ輸出していた。いわゆるインド洋世界の三角貿易である。(2) また、十七世紀の末にはインド木綿がイギリスで大変な人気を博し、イギリスに重商主義政策をとらせ、輸入代替政策から産業革命へと至る契機となっていった。

長い十六世紀から近代にいたるプロセスで次第にアジアとヨーロッパの地位は逆転していくことになる。十八世紀末の産業革命によって木綿生産においてインドとイギリスの関係が逆転したばかりでなく、ヨーロッパ諸国は、アメリカ大陸やアジアに大規模なプランテーションをつくることによって食料や綿花・ゴムなどの生産を独占していく。北米南部の綿花のプランテーションは有名であるが、中南米のサトウキビのプランテーションもまた、大規模なものであった。その他、中南米のコーヒーのプランテーション、インドアッサム地方やセイロン（現スリランカ）の紅茶のプランテーションなど、それまでアジアやイスラムの特産品であった嗜好品の生産は、次々とヨーロッパ諸国によって独占されていくのである。そして、これらのプランテーションの苛酷な労働を担ったのが、アフリカから送り込まれた奴隷たちであった。十七―十九世紀にかけて、実に一〇〇〇万人以上の奴隷が新大陸に送られている。カリブ海やブラジルが色濃くアフリカの文化に影響されたのも、これら大量の奴隷の流入の結果であった。奴隷制が廃止されたあとは、中国やインドからいわゆるクーリーが大量にプランテーションに送られ、現在の華僑や印僑の源流の一つになっている。

産業革命以降の工業化との関連で、イギリスの綿産業の勃興、アメリカでの奴隷による綿花の生産などがしばしばヨーロッパ主導の近代化の典型としてとりあげられる。それはそれで正しいのだろうが、中南米でのサトウキビ生産やコーヒーの生産、アジアにおける紅茶の生産などで、ヨーロッパ諸国が衣料生産だけではなく食料生産でも大量生産に成功し、アジアとの関係を逆転させていったこともヨーロッパ諸国による覇権の確立の重要な要素の一つであったことは留意されなくてはならないのであろう。

ヨーロッパによる新大陸の発見は、また、世界の食文化を大きく変える契機になっていく。世界＝経済がヨーロッパ中心につくられていくなかで、食文化のグローバリゼーションも進展していくことになる。新大陸から持ち込まれたジャガイモ・トマト・トウガラシ・トウモロコシなどはヨーロッパを経由して世界に広がっていく。最初は観賞用だったトマトをまず使ったのは、ナポリのイタリア人（十七―十八世紀）だといわれているが、その後、トマトソースはイタリア料理の基本的要素になっていく。東アジア・東南アジアは香辛料の宝庫だったが、トウガラシは生産されていなかった。南アジアでは胡椒、東アジアでは山椒が使われていたのだが、ヨーロッパ経由で十七―十八世紀にトウガラシが移入され、現在の四川料理、韓国料理、タイ料理などがつくられていくのである。

現代フランス料理とアメリカ型ファストフード産業

十九世紀から二十世紀にかけて近代資本主義が確立し、ヨーロッパ、そしてアメリカのヘゲモニーが確立していくプロセスを食文化という側面から見ると、また、面白い構図が見えてくる。現代フランス料理の完成とアメリカ型ファストフード産業の確立である。前者は、カレーム、エスコフィエ、フェルナン・ポワンなどがクラシックなソースをベースに、世界に君臨する高級料理を王侯貴族から次第に町のレストランへ展開させていくプロセス。一部の富裕層に限定されているとはいえ、食文化の民主化、近代化の流れである。アメリカ型ファストフードは牛肉や鶏肉をいわば工場生産で大量生産し、庶民にハンバーガーとかフライド・チキンを普及させていくプロセス。コカコーラや他の炭酸飲料などとともに食文化の大衆化が急激に進んでいくことになるのである。現代フランス料理が食文化の民主化、近代化であるとするなら、アメリカン・ファストフードは食文化の大衆化、産業化であるということができるのであろう。

自然により近い食文化

近代資本主義社会が次第にポストモダンの社会に移行するなかで、食文化にも大きな変化が見られるようになってきている。一つは、現代フランス料理を頂点とした料理の世界に、緩やかにアジアの料理が浸透してきている点。いわゆるフュージョン現象だが、日本料理、中国料理、タイ料理やベトナム料理が単独で進出するだけではなく、フランス料理などとミックスする形で新しい料理がフュージョン料理としてできてきている。西欧料理のオリエント化とでもいうのだろうか。経済のリオリエント現象と並行して、食文化の分野でもリオリエント化が進んでいるというわけなのだ。なかでも日本料理の評判は圧倒的にいい。ちなみに、二〇〇四年版ザカットによれば、ニューヨーク市ベスト二五のレストランのうち日本食と寿司店は四つで、クラシックフレンチの三つを上回っている。

もう一つは、ファストフードからスローフードへの流れ。ファストフードはいわば食の大量生産、大量消費の世界なのだが、経済全体が大量生産・大量消費から多品種少量生産や循環型モデルへの移行を始めたのと軌を一にして、スローフードへの動きが加速してきている。とくに牛肉や鶏肉の大量生産については、健康・安全上の問題点が指摘され、今までのような生産方式が長期にわたって継続できるのかさえ、筆者には疑問に思える。もちろん、ファストフード業界、とくにアメリカのそれは巨大な産業になり、農業全体をも支配するようになってきていることから、これがそう簡単に崩壊するとも思えないが、より環境や健康に配慮した生産体制が必要なことは、次第に意識されるようになってきている。成人病の六〇%の原因は食を中心とした生活習慣だといわれているし、とくにアメリカでは肥満が一つの病気として認識されるようになってきている。

工業化され、産業化された食をもう一度、より自然に近いところに戻し、安全と健康をとり戻すということが、二十一世紀の食文化の最大の課題になってきている。考えてみれば、牛や鶏を狭いスペースに詰め込み、抗生物質などを多用し、肉骨粉にみられるような飼料を与えるということは、農薬を多用した農業同様、極めて人工的かつ不健康な食料生産である。魚の養殖についてもおそらく同じようなことがいえるだろう。二十世紀は、生き物をいわば工場生産する時代だったということができるのであろう。そうでなければ、これだけ大量の人口を維持できないということなのかもしれないが、そろそろこの生き物の大量生産方式を見直さないと、狂牛病や鳥インフルエンザという形で人類が報復を受けることになってしまうのだろう。自然により近い二十一世紀型の食文化をつくり出していくことは喫緊の課題なのではないだろうか。

注

（1）安田喜憲『文明の環境史観』中公叢書、二〇〇四年、一五―一七頁。
（2）この三角貿易については、例えば、川勝平太『日本文明と近代西洋』日本放送出版協会、一九九一年、三七―四三頁を参照されたい。

III

アジアを読み解く――インド・中国の台頭にどう向き合うか

10

アジアの新中産階級

2004 *Autumn*

『冬のソナタ』ブームの背景

韓国のテレビドラマ『冬のソナタ』が大ヒットしている。小泉総理までその評判にあやかろうと主演女優と会う始末である。一昔前なら韓国のドラマがこれだけ日本でブームになるなど全く考えられなかったことである。とくに一九九七年の東アジア危機以来、日韓の関係が劇的に改善したこともその背景にあるのだが、この『冬のソナタ』の大ヒットは決して単独の現象ではなく、同様の状況がアジアで様々な形で発生しているようなのである。韓国や香港の映画は、日本だけでなくアジア各地で受けているし、日本からはアニメだけではなくトレンディードラマやポップミュージックも輸出され、大人気である。

ことはどうもアニメやゲームなどの日本のサブカルチャーがアジアの若者たちに受けているということだけではなく、アジア各地、とくに東アジア・東南アジアで、ある種の共鳴現象が起こっているようなのである。「クール・ジャパン」ということがさかんに東アジアで言われるようになっている。日本のファッションだけではなく、その食文化や消費財が何かかっこいいというのである。例えば、北京や上海では、日本の女性ファッション雑誌が中国語に訳され、日本以上の部数が売れている。また、資生堂の高級化粧品が高価であるにもかかわらず中国女性の間で大人気だ。顔貌や髪や肌の色が似ているので、欧米流の化粧より日本流のそれが中国人に似合うのだという。

また、欧米と同様、中国でも寿司が大ブームだ。それも大変な高級料理としてリッチな若者たちの間で一つのファッションになってきている。ほんの五年ほど前までは、マクドナルドのハンバーガーを食べ、コカコーラを飲むのがかっこよかったのだが、流行は明らかに寿司や日本料理に移ってきている。食にうるさい中国人が、アメリカのジャンクフードに飽きてきてしまったといえばそれまでだが、このクール・ジャパン現象は化粧や食だけにとどまらず、より広範なものにみえる。イオンやイトーヨーカドーなども次々に中国各地に出店しているが、どこでも、かなり高級な商品をおき、それが大変な評判のようなのである。

一言でこの現象を説明するのは難しいが、要するに中国に新たな中産階級が台頭し、同じアジアの中産階級先進国日本の消費文化を早いスピードで吸収してきているということなのではないだろうか。日本は階級社会的色彩がまだまだ残るヨーロッパやアメリカと違って、本物の中産階級社会であり、また、消費に関して日本の消費者は大変目が肥えているどころか厳しいといわれている。消費財の国内市場での各メーカーの競争も激烈で日本の消費財は質的にレベルが高いだけではなく、消費者の嗜好をよく反映しているといわれている。新たに台頭してきた中国の中産階級に、こうした肌理《きめ》の細かい日本の商品が受けているのは、むしろ自然なことなのだろう。また、過去の千数百年にわたる文化交流のなかで、ある程度の文化的共通項が育ち存在していることも、否定できないのではないだろうか。

かつて日本のテレビドラマ『おしん』が、アジアで大変ヒットしたことがあった。どこか『おしん』の理解でも共通項があったのだろう。同じことは『冬のソナタ』についてもいえるのではないだろうか。アジアはたしかに民族的にも宗教的にも多様な地域であり、ヨーロッパのようにキリスト教文明という共通基盤をもたない。しかし、少なくとも東アジア・東南アジアは千年来の中国文明の強い影響を受けており、儒教・道教・仏教などのある種の宗教的・道徳的基盤を共有する部分もあるのだろう。

もう一つのアジア的特色は、とくに欧米と比較して多神教的・アニミズム的なものをもっていることだろう。たしかに東アジア・東南アジアにもキリスト教やイスラム教などの一神教も浸透してきている。しかしそれとてもかなり緩やかな、アジア的に修正された一神教だということができるのではないだろうか。インドネシアにもマレーシアにも、イスラム過激派は存在する。しかし大部分のインドネシア人、マレーシア人たちは穏健な原理主義的でないイスラム教徒のようなのである。

『もののけ姫』に代表される日本のアニメの一つの特色は、そのファジーな筋立て、登場人物構成にある。要するに善人・悪人がはっきりせず、場合によると自然の神秘のような要素が人間関係をこえることがある。善人・悪人がはっきりし、人間中心主義がつらぬかれている、アメリカのアニメなどとははっきり一線を画す。このファジーさ、そしてアニミズム的傾向は、日本的というよりはアジア的、ということができるのではないだろうか。多神教・アニミズム的思考がアジア的思考の背景にあると言い切ってしまっては、単純化が過ぎるというものだろうが、何かそんなところにアジア、とくに東アジア・東南アジアの共通項の一つが存在するように感じる。

雁行形態の発展と東アジア危機

東アジア・東南アジアは、一九八〇年代以来、世界の生産基地として大きく経済的に飛躍してきた。その一つの引き金は、日本の企業が円高の影響などもあって東南アジアなどに進出し、アジアに一大生産ネットワークをつくったことにあった。八〇年代からのこのアジアの発展は雁行形態の発展と呼ばれ、一九九四年には世界銀行が『東アジアの奇跡』という本でこのプロセスを分析するに至っている。まず日本が、そして韓国・台湾・香港・シンガポールが、最後にマレーシア・タイ・インドネシア・フィリピンが製造業の基地として経済を伸ばしていくパターンが、ちょうど雁の一群が一羽のリーダーを筆頭に空を飛ぶのに似ていることから「雁行形態の発展」と呼ばれたのだが、まさにマレーシアやタイは、途上国から中進国へ、この時テイクオフを果したのであった。それは、ちょうど日本や韓国が一九六〇年代から七〇年代にかけて実現した輸出主導型経済発展の東南アジア版であった。ただ日本や韓国が海外直接投資には依存せず、国内貯蓄を投資に振り向けていったのに対し、東南アジア諸国は大きく海外直接投資に依存して技術を導入し、輸出を増大させていったのである。

一九八〇年代、中国はすでに改革・開放政策を進めていたが、中国が本格的にアジアの製造業のネットワークに組み込まれてくるのは、一九九〇年代に入ってからである。当初は華僑資本、次第に欧米や日本、そして韓国が対中直接投資を加速するようになって、いわゆる雁行形態の発展は、中国を巻き込んで大きく変化していくようになる。ちょうどこうした変化が始まってきているなかで、アジア、とくに東南アジアに大きな打撃を与えたのが、一九九七―九八年の東アジア危機であった。東アジア危機についてはすでに様々な分析がなされているのでここで繰り返すことはしないが、それが従来の輸出主導型の東アジア経済に大きな打撃を与え、その発展パターンを変えていく一つの大きな契機になったことは確かである。

アジアは製造業の拠点として世界経済のなかで大きくその地位を向上させていたが、日本と韓国を除いては、中産階級はあまり育たず、一部の華僑資本などが外国資本と連係しながらビジネスを伸ばす、というパターンで、アジアの国内市場は大きく育ってはいなかった。一九九七―九八年の危機は、外国の資本に依存した国内産業の発展の弱み、金融セクターの脆弱性のもつ問題点を示したとしばしば指摘されるが、これにもまして国内に大きな消費市場をもたなかった東南アジア諸国の弱みを露呈したものだ、ということもできるのではないだろうか。

中国は東南アジア諸国や韓国と違って資本勘定を自由化しておらず、為替と金融に関する規制をまだ温存していたので東アジア危機に巻き込まれずにすんだが、輸出依存型、外資依存型という点では東南アジアと似た構造をもっていたので、この危機は他山の石としての教訓には大いになったのではないだろうか。自ら大きな消費市場をもたない経済が外国資本に依存して製造基地としてだけ発展していくことの限界を、東アジア危機ははっきりとアジアの国々に示したのではないか。東アジア危機後、金融監督の強化や不良債権処理など、金融面の改革ばかりが欧米主導で強調されたが、そうした面の問題点より、生産と消費の跛行性の方がより大きな問題のように筆者には思えてならない。

輸出主導から内需拡大へ

実はアジアの諸国は危機直後の対応策をとったあと、次第に国内市場を充実していく動きを速めていった。そのリーダーシップをとったのが、東南アジアではタイのタクシン首相である。彼は農村をベースにしたタイ愛国党という新党を組織し、選挙で大勝する。彼は従来の輸出依存型生産に加え、国内、とくに農村の活性化、そこでの需要創出を目的に二正面作戦（Two Track Policy）をとなえる。輸出も内需も、というわけだが、彼の政策のポイントが内需の振興にあることは明らかである。農村への資金の提供、一村一品運動など、政策はまだ始まったばかりだが、今のところタイ経済は内需を含めて好調である。

多くの国は、タイのような明確な政策を強いリーダーシップで示すには至っていないが、インドネシアの民主化・分権化の動きもそうした方向への歩みだと考えることもできなくはない。政治的に迷走が続いている割には、インドネシア経済は好調である。しかも自動車などの消費財が順調にその売上を伸ばしてきている。

こうした東南アジア諸国の最近の動向を、筆者は、開発独裁・輸出主導の経済から、新中産階級の台頭・内需拡大への大きな経済構造変化の先駆けではないかと考えている。動きはまだ始まったばかりである。しかし、この東南アジアの変化を、中国での中産階級の台頭と重ねてみると、一つの大きなピクチャーが見えてくる。アジアが世界の生産基地から次第に世界の消費基地にもなり始めてきたのだ。生産と消費が同時にアジアで行われるということ、それは世界経済の中心が次第にアジアに移行してくることをも意味する。

現在、世界の消費の中心は、EUと米国と日本。その人口を総計すると七億人強である。もし、中国の人口の一〇パーセント、ASEAN諸国の一〇パーセント、そしてインドの一〇パーセントが中産階級化するとすれば三億人、二〇パーセントとすれば六億人である。この六億人に日本の一億強を加えれば七億人強。EUとアメリカの合計六億人を上回ることになる。

どれだけのペースでこれが実現するのか、またその際、エネルギー・食糧不足が決定的にならないのか、環境への影響はどうなのか、不確定要素は多々ある。しかし、中国や東南アジア、そしてインドまでが今その方向に大きく動き出したことは確かなようなのである。そしてそれを経済の現場、市場のフロンティアにいる企業が敏感に感じ始めている。五年前、十年前と違って、企業の中国投資・東南アジア投資は、日本への逆輸入や欧米への輸出だけをねらったものではない。消費大国としての中国、あるいはアジア全体を念頭に、いかなる製造のネットワーク、サプライ・チェーン・ネットワーク、さらにはロジスティクスのネットワークをつくろうかというものなのである。中小企業を含めて多くの日本企業で中国脅威論はもう消えてきている。現在は、中国を含めたアジアを一つのマーケットとしてとらえ、そこにどう製品やサービスを提供していくかという姿勢に変わってきているということができるのだろう。もちろん、日本は技術や製造のベースではあるが、様々なアウトソースの機会をとらえた方が競争上有利である。中国やベトナムでの大量生産を躊躇する理由はない。日本の消費市場は、新製品をテストする意味では最適な市場だ。この市場とのインターアクションで技術の質もサービスの質もみがくことができる。

新中産階級とナショナリズム

実は『冬のソナタ』現象の背景にとうとうとしたアジア経済の新しい流れがあるようなの

だ。一言で言うと、それはアジアでの新中産階級の台頭とそのことによる各国の中産階級による共鳴現象である。企業が直接投資を軸にこうした現象に敏感に反応するなかで、アジアの市場は急速に統合に向けて動き出している。いわゆる域内貿易・域内直接投資の比率が次第に大きくなってきているのである。例えば、日本の中国・香港・台湾への輸出は、戦後初めて米国へのそれを二〇〇三年度に超えた。おそらく、この傾向は加速度的に進んでいくことになるだろう。韓国と中国、ＡＳＥＡＮと中国との間でも同じような現象が進行中である。

新中産階級の各国での台頭は、経済の統合とは逆に、政治の面では新たなナショナリズムを生み出している。経済的には中国に統合されつつある台湾での独立運動の高まりは、この新しいナショナリズムの典型であろう。内需の拡大を積極的に進めるタイのタクシン首相の新党はタイ愛国党である。タイの農民、タイの中産階級の新しいナショナリズムがこの新党を支える大きなエネルギーの一つであることはまちがいない。政治学者白石隆はこの新しいナショナリズムのネガティブな側面を心配する。しかし、ある意味でこのナショナリズムは健全なものでもある。今までの輸出依存、華僑を含む外国資本依存への反発は、中産階級が台頭していくプロセスの中で自然に生じてきたものなのではないのだろうか。そして、逆に経済の統合は、この新中産階級の共鳴現象を軸に急速に進展しているようなのだ。

第二次世界大戦後のアジアは、アメリカとハブとスポークの関係を結ぶか、社会主義体制をとるかで、域内で協調するという路線を長くとらないできた。そうしたなかで、日本や韓国、あるいは東南アジアの国々は高い成長を享受し、平均して成功してきた。そして、今、そこに中国とインドが加わりつつある。

アジアは、明らかに変わり始めた。今のところ明確にその先行きを予測することはできない。しかし、その一つのポイントがアジア各国における新中産階級の台頭であり、新しい大消費市場の出現であることはまちがいない。共鳴現象をともなった大消費市場の出現は市場の統合を生み始めているが、逆に新中産階級の出現は新しいナショナリズムをも生み出している。

筆者は、いずれ経済の統合が、ナショナリズムへの流れをうまく調整していくのではないかと考えている。いや、より正確に言うと、そうあってほしいと願っている。

また、ここでは触れられなかったが、こうした新しいアジア統合への動きのなかでの最大の問題は、日本を含めてアジアの国々がアメリカとの関係をいかに友好裡に変更していくかであろう。日本にとっても、中国を間においてのアメリカ、アメリカを間においての中国とのつきあい方が、最大の外交課題である。

11

中国経済の今後

2006 Winter

反中国的な日本の政治と言論界

巷には人民元や中国経済に関する書物や論文が溢れている。中には良書や好論文もあるのだが、多くのものは一方的かつ感情的で読者をミスリードしている場合が少なくない。とくに一部マスメディアや言論人たちの反中国キャンペーンは気になる。東アジアで市場主導の形で経済統合が進むなか、日中経済の相互依存関係は急速に深まっているのだが、政治とメディアは、いまだに、平均的には非常に反中国的である。一般的に経熱政冷といわれる現象だが、政冷に加えて言論界も、また、極めて感情的に反中国のようなのである。過激な反中国論文や記事を掲載すると、そこそこ売行きがいいということなのだろうが、大衆の必ずしも健全でないナショナリズムを煽って商売をするということは言論に携わる者として問題なのではないだろうか。

中国経済、そしてその政治システムはなかなか複雑で、専門家でもその全貌を語り尽くすことは難しい。もともとかなり異質なシステムが急速に変わってきているのだからそれは当然のことなのだろう。しかも中国は広いし、人口も十三億。巨象の一部を触って全体を推測するわけにはいかない。しかも、政治と経済が微妙なからみあいをするなかで変化が進んできている。共産党や政府の政策の動きと同時に、民間企業と市場の動きを追わないと、全体の動きを充分把握できない。この論考では中国経済の基本的特徴を一般化しつつ、今後、高成長がどこまで続くのかを探ってみることにしたい。

中国は競争社会

関志雄は、現在の中国経済の状況は、「社会主義の初期段階」というよりは、「原始資本主義の段階」であり、その行きつく先は「成熟した資本主義の段階」であると述べている(1)。

この中国経済の位置づけは極めて適切である。かつて筆者は若干の誇張をまじえ、「中国は社会主義の仮面をかぶった資本主義国であり、日本は資本主義の仮面をかぶった社会主義国だ」と述べたことがあったが、これも関と同趣旨の主張である。黒田篤郎が「中国は競争の国だ」と次のように述べているのも、関のいう「原始資本主義の段階」という主張をミクロの視点からサポートしている。

「三年間中国とアジアの現場を回って、最も強く感じたことは、『中国は競争の国だ』ということだった。珠江《チューチャン》デルタの工場のラインの中で隣り合う労働者の仕事の競争、企業や工場の間で、少しでもコストを下げ、受注を増やそうとする企業間の販売競争、上海《シャンハイ》と深圳《シェンチェン》、珠江デルタと長江《チャンチャン》デルタというライバル都市や地域間の企業誘致や産業開発を巡る地域間競争など、さまざまなレベルの競争が中国の中で爆発的に拡大している。中国はすさまじい競争社会になりつつある。(2)」

資本主義と言ったって、共産党の独裁が続いている。そんな資本主義国がありうるのかと反論するむきがあるかもしれない。しかし、これとても、韓国や東南アジアにかつて存在した開発独裁のもとでの資本主義的市場経済の展開と同種のものだと考えれば、それほど違和感はないはずだ。速いスピードで原始的資本主義の段階を駆け抜けようとすれば、とくに後発資本主義国にとっては、独裁型政権の方がその方向さえ間違わなければ望ましいとさえ言えるのだろう。戦後の韓国やシンガポール、ごく最近までのインドネシアやフィリピンなど、そこそこ成功した例は数多く同じ東アジアに存在している。

高度成長の源泉でもある格差

もう一つ中国経済を見る時に重要な視点、それはまだ中国が発展途上国であるという点だろう。これは原始資本主義の段階であるという主張と相矛盾するものではない。中国は戦前の日本と同様、全就業者のうち五〇％前後が農業に従事する農業国家である。この農業人口に郷鎮企業（中国の郷（＝村）と鎮（＝町）における中小企業）などに従事する農村部就業を加えると、全就業者のほぼ三分の二が農村就業者である。また、この五億人弱の農村就業者のうち一―二億人が潜在的失業者だとされている。

多くの日本人が訪れるのは北京・上海・大連などの大都会であり、農村を訪れる人が少ないことから、中国がまだ発展途上にある農業国だということはしばしば忘れられてしまうが、これは巨象中国を充分に理解するための重要なポイントであろう。農業就業者人口が全就業者の約五割の原始資本主義の段階というと、日本の産業化・近代化のプロセスのなかではちょうど大正から昭和初期に対応する。この時期の日本経済について、中村隆英は「……このころの社会はまだ昔風の……マルクスやエンゲルスの時代のような資本主義が、世界的にもまだ生残っていたと思います」と述べている。[3] もちろん当時の日本と今の中国がそれほど似ているということではない。今の上海や深圳は、戦後日本の高度成長期、いや、それを上回るような高度成長が続き、近代化・産業化がすさまじい勢いで進んでいる。しかし、この高度成長もまた、農村という格差の著しい後背地をかかえているゆえでもあることは理解されなくてはならないだろう。

実は、格差は高度成長の重要な要因の一つでもある。成熟した格差の小さい資本主義国の成長率は決して高くない。川も滝も、格差が大きければ大きいほど激しく流れるのである。何も格差を正当化したり称讃しているわけではない。しかし、中国でもインドでも、格差が激しく、競争が激烈であるゆえに高成長が実現できているのである。もちろん、格差の大きい社会でも、競争がなく、社会階層が固定化しているところでは、成長は高くならないし、また貧困層が絶対的に貧しくなり続けている国、例えば北朝鮮などは大きな政治的問題をかかえることになる。

しかし、通常、競争の激しい原始資本主義国は、矛盾をかかえながらも高成長を続け、そのプロセスで次第に格差を小さくする方向へ向かっていく。現在の中国やインドはまさにこうした段階の高度成長経済なのだろう。中国とインドで、都市と農村の格差が、今の段階で縮小に向かっているのかどうかは疑問ではある。しかし、両国ともそれぞれ二億―二億五千万人、一億五千万人といわれる中産階級が育ってきており、明らかに全体としての格差は縮小の方向に動いているということができるのだろう。

発展途上の原始資本主義国、あるいは格差を背景に高度成長を続けるダイナミックな経済の一つの特色は、そのダイナミズムゆえに、乱高下もまた激しいということであろう。中国の過去二十数年、一九七八年の改革・開放政策以来の実質ＧＤＰ成長率をみても、最高一六％から最低四％まで、そのボラテイリティ（上下の変動率）は高い。また、インフレとデフレのサイクルも激しいものがある。一九九〇年代初めは消費者物価が二〇％前後まで上昇するインフレになったが、一転、一九九〇年代後半から二〇〇〇年代始めにはデフレになっている。しかし、この二六年間（一九七八―二〇〇四年）で名目ＧＤＰは実に十倍、農村の貧困人口も確実に減少してきている。

高度成長はどこまで続くか

問題は、この高度成長がどこまで続いていくかであろう。例えば、ゴールドマン・サックスは、ＢＲＩＣＳ諸国（ブラジル・ロシア・インド・中国）のＧＤＰ成長率予測のなかで、中国のそれは二〇〇〇―二〇〇五年の八％（実際はこれより若干高い）から二〇四五―五〇年の二・九％に次第に下っていくが、平均成長率は四・九％とかなり高めの予想をしている。[4] この予測によれば、中国の実質ＧＤＰは、二〇四五年には米国を抜いて世界一になる。

予測はあくまで予測であり、他方で中国経済の崩壊や停滞を予測することも可能である。このゴールドマン・サックス流の楽観的予測が実現する重要な要件は、関志雄のいう原始的資本主義段階にある中国が、順調に成熟した資本主義の段階に移行できるかどうかである。二〇四五―五〇年の実質ＧＤＰ成長率二・九％は、明らかに成熟した資本主義国のそれである。つまり、ゴールドマン・サックスの予測は、この移行がスムーズに行われることを前提としているのである。

スムーズな移行のための条件は多々あるだろうが、筆者には、次の二点が最も重要であるように思われる。一つは、現在の激しい市場での競争がセーフティ・ネットなどの社会的インフラが整備されていくなかでも継続的に維持されていくこと、もう一つは、農業社会から、工業社会・サービス社会への移行が順調に行われることである。

成熟した資本主義への移行――日本との比較

時代背景や世界の環境は大きく異なるが、アジアでいち早く近代化・産業化に成功した日本とのアナロジーでこの二つの点を検証してみることとしよう。日本経済が原始資本主義の段階にあったのは、大正末期から昭和初期、一九二〇―三〇年頃であったと考えられる。実は、日本経済は、この時期から成熟した資本主義へと移行することに一度失敗し、二度目で成功したと考えることができる。つまり、失敗して第二次世界大戦に突入し、戦後の高度成長（一九五五―七〇年）で移行に成功したわけだ。

第二次世界大戦への突入と敗北については、通常、政治的側面から語られるが、経済的にこれを見ると、世界大恐慌の影響もあって開放体制が崩れ、経済が内向するなかで市場競争が制限され、経済の寡占化・独占化が進み、かつ農村が疲弊し、農業社会から工業・サービス社会への移行が順調に推移しなかったことが主たる原因となり、政治の混乱・軍国主義化が進んでいったと考えられるのであろう。

それに比べ、高度成長期の移行のプロセスは順調であった。いわゆる戦後改革、例えば、農地改革や財閥解体などで制度インフラが整備されていたこともあったが、農業から製造業・第三次産業への人口の移動・産業構造の転換は、大きな政治的・社会的混乱を伴うこともなくスムーズに進んでいったのである。一九五〇年の農業就業人口は全体の四五・四％、一九七〇年のそれは一七・九％である。そしてその後、農業就業人口は継続的に低下し、二〇〇〇年には四・六％まで落ち込んできている。

さて、二〇〇二年秋の第十六回党大会で、新しく二〇〇三年から国家主席に就任した胡錦濤《フーチンタオ》は「全面的な小康社会の建設」を政策の主要な目標としてかかげている。そして、二〇〇二年に五〇％だった農業就業人口を、二〇年後には三〇％まで下げることを目標としている。これは、一九五〇—七〇年の高度成長期に日本が農業就業人口を二七・五％減らしたことに比べると、それほど無理な数字ではないように思われる。また、この「全面的な小康社会」を実現するために、二〇二〇年までに次の「五つの調和」を達成するという決定を二〇〇三年十月の第十六期三中全会で採択している。すなわち、①都市と農村の発展の調和、②地域発展の調和、③経済と社会の発展の調和、④人と自然の調和のとれた発展、および⑤国内の発展と対外開放の調和がそれである。

中国的表現はなかなか直截に伝わらない部分があるが、ようするに鄧小平《ドンシャオピン》が「先富論」で平等より成長を重視し、まず温飽（ぎりぎりの生活水準）からそこその小康状態に達することをめざしたのに対し、より調和と格差是正をめざす政策に転換していくということである。ただ、これは成長に対し平等をという路線の転換ではなく、効率を追求しつつ調和をめざすという政策であり、まさに成熟した資本主義社会への移行を指向したものである。

成長と格差是正、効率の追求と調和という二つの概念は一見矛盾しているようだが、そうではあるまい。日本の場合、高度成長のプロセスで農業人口が急速に減少するなかで農家の平均所得は上昇し、一九七二年、高度成長がほぼ終わった時期には、都市の勤労者の平均所得を上回るに至っている。つまり、この時期の日本では、成長と格差の是正が同時並行的に進んだのである。「全面的な小康社会」の実現がめざしているものもまさにそれであろう。五〇%にのぼる農業就業人口と、都市と農村の所得格差、それは前述したように成長の一つの重要な源泉である。そして、農村から都市へ、農業から製造業・サービス業への就業者の移動がスムーズに行われ、これとは別に農村・農業対策が政治的に行なわれれば、成長と格差是正の両立は充分可能なのである。温家宝《ウェンチアパオ》首相は、二〇〇四年三月の全国人民代表大会で、三農問題（農村・農業・農民）が重要中の重要な任務だといったが、この意味では当然の発言であろう。また、中西部の開発など、遅れた地域への資金の重点的配分や政策的配慮は、日本の高度成長期の列島改造計画と似たものだと考えることもできるだろう。成長と格差是正をねらった「全面的小康社会」実現のための政策は、実は、日本で田中角栄が主導した列島改造計画に象徴的に示される、高度成長のなかでの格差是正のための政治にかなり似たものでもあるのだ。

ただ、ここで問題なのは、一九五〇―五五年の日本に比べて、現在の中国の格差は各段に大きいことである。むしろ、大正から昭和初期にかけての日本の格差と比較すべきレベルである。大正から昭和にかけて、農村の疲弊を背景に米騒動などがさかんに起こっていたことが想起される。つまり、地域間格差・農民の貧困などの問題に早急に取り組み、これを解決に向けた軌道に乗せていかないかぎり、暴動などが起こったり、それが拡大しかねない状況なのである。

中国各省の一人当りGDPは、トップの上海の六〇〇〇ドル弱からラストの貴州省の五〇〇ドル前後まで、その格差は十倍以上に開いている。また、中国一般庶民の格差問題に対する関心は、世論調査などによると、腐敗や汚職問題などと並んで極めて高い。しっかりした解決の道が示されないと、政治的不満が高まり、政治・社会不安に繋がりかねない。方向としては適切な政策を採用しているのだが、スピードを上げてこれを実現することが必要だということなのだろう。

中国経済への理解と協力

以上、駆け足で中国経済理解のためのポイントを見てきたが、一言で結論を述べるならば、三農問題や格差の問題など難しい課題をかかえてはいるが、今のところ、その漸進的改革は成功しており、また競争と効率一辺倒から安定と格差縮小へと政策も転換されつつあり、中国経済崩壊の可能性は少ないということなのだろう。日本としては、むしろ、この移行プロセスがスムーズになるように協力していくことが、日本経済のためにもなることを意識すべきなのである。

注

（1）関志雄『中国経済革命最終章——資本主義への試練』日本経済新聞社、二〇〇五年、一頁。
（2）黒田篤郎『メイド・イン・チャイナ』東洋経済新報社、二〇〇一年、二八五頁。
（3）中村隆英『昭和経済史』岩波セミナーブックス17、一九八六年。
（4）*Dominic Wilson and Roopa Purushothaman, Dreaming with* BRICs, *Path to 2050*, Goldman Sachs, 2003.

12

インド経済の今後

2006 Spring

大きな危機が改革の引き金に

二〇〇六年二月末、デリーは、一両日中に来訪するアメリカのブッシュ大統領との会談の準備で大忙しだった。旧知の計画委員会副委員長のモンテク・アルワリアを訪ねた時、たまたま駐印アメリカ大使デイヴィッド・マルフォードと出くわした。実は、マルフォードは十数年前には財務省の国際問題担当の次官補であり、その彼と十年振りにデリーの計画委員会の部屋で再会したというわけだ。なかなかの大物大使だが、これもアメリカのこのところのインド重視の一つの現れなのかもしれない。

インドも最近、アメリカと接近、対中・対ロ外交にも積極的で活発な対外戦略を展開している。実は、モンテク・アルワリア副委員長（委員長は首相なので閣僚組のポスト）は、マンモハン・シン首相の側近で、チダムバラン財務大臣とともに政権の中枢で改革を進める国際派。マルフォード大使も、ブッシュ・シン会談の最後に打ちあわせにきていたのだろう。

シン首相もアルワリア副委員長も、パンジアブ州出身のシーク教徒。ともにオックスフォード大学に学んだエコノミストだ。この二人は、一九九一年の新経済政策（それまで基本的には統制経済下にあったインド経済を自由化と対外開放にむけて大きく舵を切った歴史的改革、中国の一九七八年の改革・開放政策に対応する）でもコンビを組み、ＩＭＦ管理下でインド開放政策を推進する際の立役者だった。シン財務大臣、アルワリア次官と、その時は商工大臣だったチダムバランが、二〇〇四年五月の国民会議派の政権獲得とともに政権の中枢に返り咲き、再び改革の推進と積極的外交の展開に取り組んでいるというわけなのだ。

大きな危機が、しばしば大改革の引き金になって国のあり方を根本的に変えることがある。一九九一年のインドの苛烈な経済危機は、まさにそうした役割を果たしたのだった。一九八〇年代を通じて悪化してきた財政および経常収支の赤字は、一九九〇年にはすでに抜きさしならぬところにまできていた。財政赤字の対ＧＮＰ比は、一九七〇年代半ばには四％強だったが、一九九〇年には八％を超えるところまで膨張し、国内債務残高は、ＧＤＰ比で五四％まで悪化した。

この時期に発生した湾岸戦争は、原油価格を暴騰させ、インド国際収支の生命線であるＮＲＩ（海外に居住するインド人、non-resident Indians の略）の送金を止めたばかりか、預金の海外逃避を呼び、一九九一年一月には外貨準備高が急減、年間輸入額のわずか二週間分にまで落ち込むことになる。こうした経済状況を受け、政治も混乱し、一九九一年に行なわれた下院総選挙中に国民会議派を率いていたラジブ・ガンディー元首相が暗殺されるに至る。この経済・政治混乱のなかで、インドは国際通貨基金（ＩＭＦ）管理下に入り、インド独立以来の最大の危機が訪れたのである。

こうしたなかで成立したナラシムハ・ラオ政権は、少数与党ながら、ＩＭＦおよび世界銀行（ＩＢＲＤ）の支援を受けながら新経済政策（ＮＥＰ）の実施に踏み切ったのである。前述したように、この時の財務大臣が現首相のマンモハン・シン、財務次官が現計画委員会副委員長のモンテク・アルワリアである。このシン＆アルワリア・チームは、一九九一年七月に二割近いルピー切下げを実施したことを皮切りに、「産業政策声明」「貿易政策声明」を次々に発表し、経済自由化の基本姿勢を示したのである。ＮＥＰの概略を挙げると、①産業許認可制度・輸入許認可制度の事実上の撤廃、②公的部門独占事業の民間への開放、③輸出補助金の撤廃、④平均関税率の大幅な引下げ、⑤外資出資制限の緩和などである。

こうして、独立以来一九九〇年代に至るまで、社会主義国家建設を目指し、政府による規制と管理の下に経済運営を行ってきたインド経済は、未曾有の危機を経て劇的に変化するに至るのである。中国が改革・開放路線に踏み切ってから一三年、遅ればせながらインドも社会主義から市場経済へ舵を切ったのである。

幸運だったIT革命と経済自由化の同時進行

インドというと、ITというイメージが強い。たしかに一九九〇年代、IT産業はインドの戦略的産業の中心としてインド経済を牽引してきた。もっとも、ソフトウェア産業の台頭は、政府が育成したというよりも、規制の緩和にともなって、もともと工学やコンピューターに強いインドの民間セクターが、アメリカ在住の印僑たちと連係しながら自発的に展開したという側面が強い。例えば、TCS、ウイプロ、インフォシスというインドの三大ソフトウェア企業のうち、ウイプロ、インフォシスの二社は、政府や財閥とはまったく関係なく急成長してきた新興企業である。

ソフトウェア産業にとって、インド経済の自由化とIT革命がほぼ同時に起こったことが幸いした。多くのソフトウェア産業関係者がかつての社会主義体制を揶揄して述べているように、「もし、自由化の前にITブームが起こっていたら、政府はソフトウェア産業を国有化していたに違いない」からである。

いかにしてソフトウェア産業が戦略的役割を果たしたかは、例えば、ここ十年弱のインドの国際収支の構造変化を見れば明らかであろう。図1を見ていただきたい。一九九六年度から二〇〇三年度までの八年間にソフトウェア輸出は実に一一倍強と急速に拡大し、総輸出に占める割合も二〇%を超えるに至っている。実は、二〇〇一年までインドの貿易収支および経常収支は大幅な赤字であり、これを海外労働者送金（経常移転収支）と援助を中心とする資本収支（一九九一年の自由化以降は対内直接投資も増加した）が何とか埋めてきたというのが国際収支の状況であった。しかし、ソフトウェア産業の急速な拡大と輸出の急増により、サービス収支（ソフトウェア輸出は貿易収支とは別のサービス収支に計上されている）が劇的に改善し、今や、サービス収支・経常移転収支の黒字が貿易収支の赤字をカバーするようになってきている。昨今の、資本収支、とくに証券投資の急増もあって、一九九一年に底をついていた外貨準備高もすでに一四〇〇億ドルを超え、短期・中期の債務残高を大きく上回るに至っている。かつての対外債務大国インドは、今や、純債権国へ変化してきているのである。

図らずも同時進行となった経済自由化とIT主導の経済発展への船出。それは、従来の発展理論の有効性が試される一つの世界史的実験でもあった。まず労働集約的軽工業、そして次第に資本集約的重化学工業へ、そして成熟化とともにサービス産業へというのが、今までの経済発展のパターンであり、中国もスピードこそ速かったが、基本的に従来のパターンに

図1　ソフトウェア輸出の推移

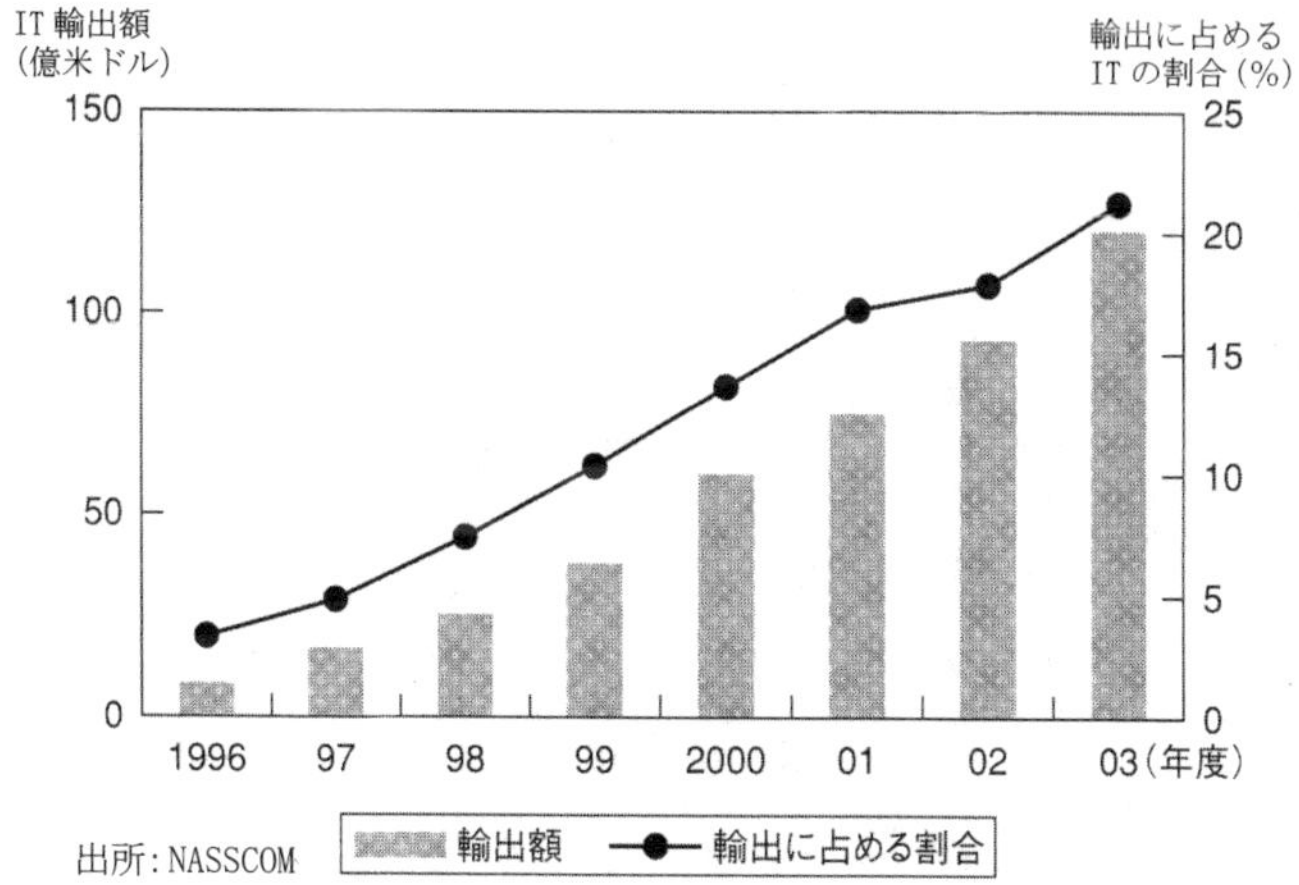

出所：NASSCOM

従った成長を遂げてきたといえる。他方、インドのようなＩＴ主導という成長モデルは、発展途上国や先進国という既存の経済区分をも曖昧にしてしまうグローバリゼーションの進展があってはじめて可能になったものだが、果たして製造業やインフラ部門がＩＴ産業のあとに成長していくものなのかどうかはこれまでまったく未知数であり、ごく最近までは、インド経済の跛行性、さらには、その将来性について強い疑問を抱く人々の一つの重要な論拠になっていたということができる。

インフラ整備の潜在成長性

二〇〇四年四月から五月にかけて、下院総選挙が実施された。インド人民党（BJP、ヒンドゥー教をベースとする国民政党）を中心とする与党連合は、経済改革の成果を強調し、大方の予想は与党がまずまちがいなく勝利するだろうというものだった。野党の国民会議派は弱者支援を公約にかかげ、貧困層、農民層の支持獲得を図った。結果は予想に反し、国民会議派を中心とする野党連合の大勝利に終わった。選挙直後は、共産党・社会党が与党側に加わっていることもあって、改革路線が後退するのではないかとの懸念から株価が暴落するなど、かなりの混乱が続いた。国民会議派の党首ソニア・ガンディー（一九九一年に暗殺されたラジブ・ガンディーの夫人）がイタリア人であることへの反発から首相就任を断念したことも、混乱に拍車をかけることになった。しかし、五月二二日、国民会議派上院議員で元財務大臣のマンモハン・シンが首相に就任し、改革路線とパキスタンとの融和政策の継続を表明して、状況は落ち着きを取り戻した。

二〇〇六年度予算は、シン政権二度目の予算で、いよいよその政策の真価が問われる時期に入っている。そしてこの予算の目玉は、道路や港湾などのインフラ整備である。ITからインフラ、そして製造業へと改革・開放の流れを維持できるかどうか、シン政権の正念場であるということもできるだろう。インド経済の最大の問題は、老朽化し整備の遅れたインフラであることは周知の事実である。混乱し、古ぼけた飛行場、十分舗装されていない重要道路、インドを訪問する誰にもまず目につくのがこうした未整備のインフラであり、世界のトップクラスを走るソフトウェア産業とのアンバランスに驚かされるのである。

図2は、中国とインドの各種のインフラの整備を、GDP・面積・人口などの経済の基本指標と比べたものである。人口はほぼ拮抗し、GDPでも面積でも中国の三分の一以上なのに、道路整備は中国の三五分の一なのである。港湾や通信などにしてもインドの遅れは極端なものである。もちろん、この数字は、逆にインドが中国並みのインフラ整備を始めれば、そこに膨大な成長の可能性があることを意味する。そして、インフラ整備は前政権のときから重要な課題とされ、遅ればせながらいくつかの重要なインフラ整備が行われてきている。そして、シン政権は、今回の予算でも明確に示されているように、インフラ整備をさらに加速することによって、これまで六―七%であったGDPの成長率を八―九%にまで押し上げようとしているのである。

図２　インドのインフラ整備の潜在成長性

	中国	インド	倍率（倍）
GDP（10億米ドル）	1,233	515	2.4
面積（1000平方キロメートル）	9,598	3,287	2.9
人口（100万人）	1,285	1,055	1.2
道路総延長（100万キロメートル）	116	3.3	35.2
主要な国際空港の数	31	12	2.6
港湾（コンテナ取扱量、1000TEU）	43,970	2,591	17
発電設備	319,000	109,000	2.9
電話加入者（100万件）			
固定	244.9	39	6.3
移動	244.1	43	5.7
合計	489	82	6
電話普及率（%）	38	8	4.8

出所：ICICI Bank

　こうしたインフラ整備加速政策の一つの大きな特色は、インド版ＰＦＩ（Private Financial Initiative）とでも呼べる民間資本の導入と民間による経営の積極的導入である。また、外資導入にも前向きで、ムンバイ、デリー空港プロジェクトでは四九％までの外資の参加が許可されている。

　道路については、例えば、政府がそのコストの二〇―二五％は負担するが、多くのプロジェクトは民間資本によるいわゆるＢＯＴ方式でつくられている。港湾についても、海運省がバースの民営化などの自由化政策によって、ここ三年ほどの間に四三〇億ルピーによる投資を見込んでいる。さらに電力についても、二〇〇三年の電力法によって自由化と競争導入政策がとられ、二〇〇七年までに五六兆七一〇五億ルピー

（約一兆三五〇〇億円）の投資が見込まれている。空港についても、すでにムンバイ、デリー、バンガロールなどで空港近代化のための入札が行われている。今回の予算でインド政府はさらに動きを加速すべく、こうした分野にかなりの公的資金を投入している。

こうした政府のインフラ整備の政策を反映して、民間でも、住宅や自動車分野の成長が急速に進んでいる。住宅ローンは金融機関の貸出のなかでも最も成長率が高い分野で、自動車ローンとともに貸出の中心になりつつある。九〇年代のIT産業などの持続的成長をうけて、一億五千万人とも二億人ともいわれる中産階級の台頭がその背景にある。

「中国もインドも」の姿勢で

中国を追って、いよいよテイクオフの第二段階に入ってきたインドだが、日本の対応はこれまでのところ欧米や韓国に比べるとかなり遅れている。欧米の金融機関は、インドの民間金融機関と合弁を組むことでインドの金融自由化の先頭を走ってきたし、韓国のサムソンやLGは、電機製品の多くの分野ですでに六〇%を超えるシェアを獲得している。日本が中国や東南アジアに進出するなかで、インドまで出ていく余裕がなかった時期に先行されたのだが、ようやく日本も、経団連やＪＥＴＲＯがミッションを送るなどして本格的にインド市場に目を向け始めている。

政治の分野でも、総理を始め各閣僚が相次いでインドを訪問し、二〇〇六年の秋までにはマンモハン・シン首相も日本を訪問する予定である。こうした政治の動きは歓迎すべきものではあるが、「中国ではなくインド」といった傾向が見られるのは若干気になるところである。むしろ経済の動きと同様、「中国もインドも」といった姿勢こそ必要であり、その方が日本のアジアにおける存在感も増すというものである。

東アジアで製造業を中心に生産のネットワークが形成されているなかに、インドがどう加わってくるのか、また、インドのＩＴや医療などのサービス産業がアジアのなかでどんな役割を果していくのか。アジアをめぐる状況は、インドの新たなテイクオフによって極めて興味深い局面に入ってきたといえる。そして、日本がいかにインドと協力し合っていくのかが、今後の展開の重要な鍵を握ると言うこともできるのだろう。

13

世界における中国とインド

2007 Winter

減少するアメリカ経済の比重

二〇〇七年の世界経済はどう展開するのか。市場の関心はもっぱらアメリカ経済の動向に集中している。すなわち、アメリカ経済の減速がどの程度のものになり、ソフトランディングが可能かどうかによって世界経済が大きく影響を受けるというのだ。たしかに、アメリカ経済は世界最大の規模をもっており、アメリカがどうなるかで世界が大きな影響を受けることはまちがいない。

しかしおそらく、アメリカがくしゃみをすれば世界が風邪をひく、という時代は終わりつつあるのだろう。というのは、これまでにも何度か指摘したようにアジア、とくに中国とインドの成長が著しく、次第に世界経済の重心が西から東へ移りはじめており、アメリカ経済の若干の減速もアジアの継続的成長によって充分カバーできるからだ。とくに日本や韓国など、アジア地域に属する国々は、アメリカよりも中国の影響をより強く受ける状況になってきている。とすれば、日本にとっては中国経済が二〇〇七年から二〇〇八年にかけてどう展開するのか、さらには、インドが新しい成長局面に入ってくるのかどうかが大変重要になってくる。以下では、二〇〇七年の中国、インドの状況がどうなっていくかを分析し、今後のアジア経済の動向を占ってみることにしよう。

持続する中国の成長

二〇〇七年は中国にとって極めて重要な年である。中国の政治サイクルは五年を周期に動いており、中国共産党の全国代表大会が五年に一回催されている。この全国代表大会は、いわば四年に一度のアメリカの大統領選挙にあたるわけである。そこで幹部人事の決定、党の綱領の変更、過去五年間の統括、および今後の五年間の活動計画の決定が行われる。前年秋に行なわれる党大会を受けて、翌年三月に開催される全国人民代表大会（全人代）で、国家・政府部門の重要人事や具体的な経済政策などが決められる。二〇〇七年秋から二〇〇八年初めはこの五年周期の節目にあたり、二〇〇七年十一月に第十七回中国共産党全国代表大会が開催され、二〇〇八年三月に第十一期全国人民代表大会第一回会合が開催されることになっている。

胡錦濤、温家宝などの現指導部は、二〇〇二―三年に選出されたので、今回はその二期目が再任されることになる。もちろん二人以外の政治局常務委員（合計九名）は入れ替わりの可能性があるが、おそらく今回の人事では胡錦濤、温家宝体制を強化し、さらに五年後の新しい指導体制への移行の準備がなされるだろう。現時点で人事を正確に予測することは難しいが、例えば、羅幹（編集部注――二〇〇八年三月に引退）、黄菊（編集部注――二〇〇七年六月死去）などの政治局常務委員会からの引退、そして、李克強、習近平などの抜擢も噂されている（編集部注――二人とも実際に抜擢された）。

二〇〇八年からの五年間は、第四世代、胡錦濤・温家宝体制の総仕上げの時期になる。「全面的な小康社会」の実現のために、二〇二〇年までに五つの調和（①都市と農村の発展の調和、②地域発展の調和、③経済と社会の発展の調和、④人と自然の調和のとれた発展、⑤国内の発展と対外開放の調和）をもたらすという目標をいかに達成するかの正念場になる。関志雄流にいえば、[1]「中国経済革命最終章」が始まることになる。

二〇〇七年秋の全国代表大会、二〇〇八年春の全人代というスケジュールは、ちょうど二〇〇八年の北京オリンピック開催とタイミングが重なることにもなる。また、二〇〇六年末には世界貿易機関（WTO）に加盟してから最初の五年の期間が終わり、多くの公約の実現がせまられている。

もともと政治・政策の五年周期を念頭に置いた上でのWTO加盟、オリンピック開催だったのであろうが、二〇〇七年と二〇〇八年の二年が中国政府にとって極めて重要な時期であることは理解できるだろう。

北京のオリンピック村は、北京市内の広大な土地に現在建設中である。中国の威信をかけての事業であるだけにその規模は壮大であり、スタジアムなども技術の粋を集めたものになっているようだ。「調和」を重んじるという政策に従って、沿海地域の成長には若干抑制的にのぞみ、金融政策は引き締め気味に運営しているが、オリンピック開催と、政治の重要な節目であることとをあわせて考えると、中国経済の成長率もおそらく九％前後で推移するだろうと考えられる。

中国については、格差やその結果としての農村での暴動などを取り上げて悲観的見方をするむきが日本では少なくない。たしかにインターネットなどで情報が拡散するなかでの格差の問題は、深刻な政治・社会問題ではある。中国政府が五つの調和を政策の基本に据え、「全面的な小康社会」の達成を目指す理由もそこにある。

しかし、格差問題で中国経済が弱体化すると考えるのは、おそらく誤りであろう。というのは、逆に、エリート層の育成や技術革新の分野で、中国政府は強力な政策を推進しており、かつ、それが次第に実りつつあるからだ。二十一世紀のポスト産業資本主義の時代は、技術と知識の時代だといわれる。今のところ、東アジアでは日本の技術は群を抜いたものではある。しかし、中国のキャッチアップのスピードはかなり速く、このままではそう遠くない時期に日本の技術における優位も崩れてしまう可能性すらある。

エリート教育に力を注ぐ中国

胡錦濤政権は、成長至上主義から調和重視に移行するなかで、「科学発展観」という概念を打ち出し、今後の中国における技術と知識の重要性を強調している。科学発展観の概念は、①中国を発展させるためには「科学」を伸ばす、②そのためには「知識」を高める、③そのためには「勉強」に励む、④そのためには「外国」を熟知する、に要約されるという[2]。

筆者も仕事の関係で清華大学などを訪れる機会があったが、まさに、こうした「科学発展観」に従って着々と布石が打たれているという感じであった。清華大学の学生たちと話して驚いたのは、学生のほとんどがかなり流暢な英語をしゃべることだった。あとで顧秉林学長に聞いたことだが、新入生は全員、夏休み中に一カ月の合宿をして英語だけしか使わせない環境で特訓をしているという。

清華大学は、四〇四ヘクタールの広いキャンパスを持ち、学生総数三万二千人。教授陣は八千人。生徒四人に教師一人という贅沢なスタッフィングである。サポートスタッフまでいれると五万人、北京市内の一つの独立したコミュニティである。学生は全寮制、教師たちも九〇%はキャンパスに住んでいる。夏季休暇などの休暇以外は、学生はキャンパスの外に出ることはほとんどなく勉学に専心しているという。スポーツなども盛んで青春を謳歌しているといった面もあるようだが、勉強の量は、日本の大学生をかなり上回っているようだ。

清華大学には、ハーバードやMITの大学院からのリクルートも多く、大学卒業生の四分の一が海外へ留学するという。「科学発展観」の「外国を熟知する」という理念を、まさに実践しているわけである。また、外国への留学生に対するフォローアップもしっかりしている。北京の西北部の、北京中心部の五倍ぐらいある土地に、中関村というテクノパークがある。中国版シリコンバレーというわけだが、ここには三六の大学と二一三の研究所に加え、内外からハイテク企業が進出してきている。この中関村の中心に留学生センターがある。ここに現在留学中、あるいは、留学を終えた学生たちが登録し、起業や就職についてのサポートを受けることができる。留学に出したままではなく、できれば中国へ戻って、起業や研究の継続をさせようというのである。

また、とくに日本から見て印象深いのは、見事な産学協調体制が整っているという点だ。例えば、清華大学は清華同方という企業をもっているし、IBMのパソコン部門を買収して有名になったレノボは中国科学院がもっている企業である。ベンチャーといっても、日本ではマネーゲームを主たる業務にしているところが少なくないが、中国のベンチャーはしっかりと技術をもったところが多いようである。

いずれにせよ、技術と知識に焦点をあて、社会の調和をめざしている中国経済が大きく崩壊する可能性はそれほど大きくない。ダイナミックな経済であるだけに景気の波動は大きいだろうが、格差拡大、政治混乱、体制崩壊というシナリオの現実性はあまりない。また経済の大きな減速も、二〇〇七―二〇〇八年にかけては生じる確率は低い。当面、中国の強い成長が日本の基幹産業を支えるという構図は変らないだろう。

二ケタ成長に迫るインド

一九九三―二〇〇三年の十年間、平均六％弱の実質GDPの成長率を維持してきたインド経済は、新たな成長の局面に入ってきている。二〇〇四年の成長率は八・五%、二〇〇五年は七・五%、二〇〇六年は八・四%と、ここ三年間の成長率は八%を越えている。一体、何が起こってきているのだろうか。

二〇〇四年五月、予測に反して選挙に勝利した国民会議派は改革の象徴的存在であるマンモハン・シン首相を擁立して改革の継続を掲げた。共産党などの左派政党の閣外協力を受けており、当初はそれが経済自由化政策へのブレーキになるのではないかと懸念されたが、これまでのところ経済政策への大きな影響はほとんどない。共産党が支配する二つの州のうちの一つ、西ベンガル州はむしろ外資導入に積極的で、経済特区の建設でも一定の成功を収めてきているといわれている。

農村の貧困層に支持されて選挙に勝ったということもあって、シン政権は貧困対策をその政策の中心に据え、下層民の雇用増大のためもあって、インフラの整備、製造業の活性化に力を入れている。一九九三—二〇〇三年のインド経済を牽引したのは、明らかにITを中心とするサービス業だった。ちなみに、一九九三—〇四年のサービス・セクターの生産は、年率九・一%も伸びている。農業、製造業は、それぞれ二・二%、六・七%である。サービスが相変らず最も強いセクターであるという点は変わっていないが、ここにきて製造業の成長率も加速してきている。ちなみに、二〇〇四―五年、二〇〇五―六年のサービス業の伸び率はそれぞれ一〇・二％、一〇・三％だが、製造業の成長率もそれぞれ七・四％、七・六％まで高まってきている。

ITについては、これまでBPO（ビジネス・プロセス・アウトソーシング）やITO（インフォーメーション・テクノロジー・アウトソーシング、要するに、ソフトウェア開発委託）が主流だったのだが、ここにきて工業製品の開発サイクルが短くなったことなどもあって、既存製品の改良や設計の改善などを外部委託し、自らは新製品の開発などに集中するためのESO（エンジニアリング・サービス・アウトソーシング）が大きく伸びてきている。

サービス部門の高成長の持続と製造業の成長率の加速によって六％前後の成長率が八％を越えるまでに押し上げられたのだが、この状況は二〇〇七年以降も継続していくだろうと考えられる。

こうしたIT、製造業の伸びに加えて、インフラ部門への投資がどのように展開していくかが今後のインド経済の鍵を握っていくことになるのだろう。インフラ部門の重視は、シン政権の経済政策の柱の一つである。このインフラ投資に外資を含む民間資金を導入して、インフラ建設の加速をはかろうというわけだ。この民間資本導入のスキームはPPP (Public Private

Partnership）と呼ばれ、電力、道路、鉄道、港湾などのメガプロジェクトの基本になっている。このインフラプロジェクトはすでに様々な分野で進展しており、インド内外の企業を対象にかなりの数の入札が行なわれ、現在も進行中である。

このインフラ投資が順調に推移すれば、成長率は八％前後からさらに上振れすることになる。事実、政府関係者たちは、二ケタの成長率を実現することが可能だという発言をし始めている。筆者の友人で、インド有数のシンクタンクＩＣＲＩＥＲのイシャ・アルワリア会長も、「とうとうシン首相も二ケタ成長が可能だと発言し出した」と喜んでいた。スパンの長い投資であり、かつ投資総額も厖大であることから、本当に政府の思わく通り進んでいくのかどうかは予断を許さないが、今のところ、プロジェクトは順調に進んできており、政府関係者も自信を深めてきている。

ここでキーになるのは、外国からの投資である。外国直接投資は、二〇〇四年の四三億ドルから、二〇〇六年には七八億ドルと順調に増えてはきているが、中国・台湾に比べると十分の一程度である。株式投資もこのところ急増し、インフラ・ファンドなどが次々組織され、投資信託などの形で市場に登場してきている。市場での需要は強いが、インドがどこまで自由化を推進していくかは、左翼勢力をかかえた政権にとって大きな政治問題になる要素をもっており、直接投資となると外国勢もまだまだ慎重な部分も少なくない（しかし、それにしても、日本の企業の進出の遅れは目立っており、日本からのより積極的な直接投資が望まれる）。

いずれにせよ、二〇〇七年から八年にかけて、インド経済が順調に推移し、八％以上の成長率を実現することは充分可能なように思われる。

アメリカから中国・インドへの比重の移動

中国・インド経済の現状を簡単にレビューしたが、おそらく両国ともかなりの高成長を維持していくことは充分可能だろうと思われる。中国は九％、インドは八％強というところが予測の中央値となるのだろう。もちろん、米国経済の落ち込みが激しく、それが世界経済を揺さぶるようなことになれば、中国もインドも影響をうけることになるだろうが、米国経済が緩やかな減速でとどまれば、予測の実現は可能なように思われる。

日本の産業、日本経済も米国からの若干の悪影響は受けるかもしれないが、アジア、とくに中国とインドがここでの予測通り順調な成長を実現すれば、そこそこの成長を維持することができるだろう。世界経済の重心は、次第にアメリカから中国・インドを中心としたアジアへ移ってきている。日本も徐々にその軸足をアジアへ移し、中国・インド・アセアン諸国との連携を深めていくべき時期にきているのであろう。

注

（1）関志雄著『中国経済革命最終章』日本経済新聞社、二〇〇五年。
（2）紺野大介著『中国の頭脳——清華大学と北京大学』朝日新聞社、二〇〇六年。

14 日本はアジアとどう向き合うか

2006 *Autumn*

後藤新平の「新旧大陸対峙論」

『正伝・後藤新平』（鶴見祐輔著、校訂＝一海知義）の全八巻が藤原書店から発行された。全体として極めて興味深い伝記であるが、筆者が最も関心を持ったのは、満鉄時代（一九〇六―〇八年）の厳島夜話である。これは後藤が厳島で伊藤博文に三日にわたって建策した記録である。後藤は伊藤に対し、「大アジア主義」を説き、「新旧大陸対峙論」を展開する。(1)

当時、清朝がいずれ崩壊し、中国問題が日本にとっても、欧米にとっても最も重要な外交・軍事課題になるだろうことは、後藤のみならず多くの識者たちが認識していたところであった。こうした状況に対し、後藤は日本と中国がともにアジアの国として連携し、この地域の安定をはかるべきだという「大アジア主義」を説いたのである。伊藤はこれに対し、二つの注文をつける。

一つは「大アジア主義」は認めるものの、これを安易に公表し、欧米諸国を徒らに刺激しないこと。もう一つは、当時の清国に同盟の相手となるべきしかるべき人物が見あたらない状況でどのような対応をすべきかという点であった。

この第二の指摘に対し、後藤が展開したのが「新旧大陸対峙論」であった。

「（わたくし後藤が、）熟考の末ついに到達したのが、新旧大陸対峙論である。すなわち大西洋を挟んだ両者の関係を推し広げ、太平洋の両岸に国する新旧大陸を包含させることによって、はじめて日本帝国本位の世界の恒久的平和が維持され、人類全般の幸福を享有し得るべきものと信じられるもの、これが私の主張の由来である。私がどうして奇を好んでつかまえどころのない弁を弄するものか。思うに、欧亜旧大陸に対する新大陸米国の脅威はただただ時日の問題であると深く自覚したためである。換言すれば東洋問題の中心である中国の将来は、単に中国自身または日中両国の関係に止まらず、次第に世界的問題としての性質を帯びて来ようとしている。果たしてそうならば、これは対欧州問題であると同時に、対米国問題であるので、あらかじめこれに備える途は、欧州各国との協力を固くし、もって新大陸である米国を、未然に制するほかにないと認めたことによるのである。」

その後、韓国統監を辞任した伊藤は再び向島で後藤と会い、後藤の「大アジア主義」と「新旧大陸対峙論」に乗って、後藤のアレンジで時のロシア蔵相ココフツォフと会談すべく、ハルビンに旅立つ。そしてハルビン駅頭で凶弾に倒れるのである。

後藤の満鉄時代は、広軌鉄道、ホテル建設、都市計画、そして満鉄調査部の設置と、極めて短期間にその後の日本の動向に大きな影響を与えるような政策を次々と実行した時代であるが、この厳島夜話が筆者にとって、とくに興味深いのは、時代は激しく変化しているが、現在もまた、中国問題が大きな外交問題となり、そこに、アメリカと欧州がからむ構図が存在するからである。東アジア共同体構想は、ある意味では現代の「大アジア主義」であると言えないこともない。しかも、そこに上海機構などでロシアが微妙にからんできている。日本は中国とアメリカ、そしてインドを含むアジア全体とどうかかわっていくのか。ロシアとはどういうスタンスで外交を展開するのか。今、日本はまさに後藤新平的大構想を必要としているのではないのか。舞台の上には、伊藤や後藤のようなスケールの大きな政治家は今は見えていない。靖国問題ごときにかかわって、どうのこうの言っているのは、政治の矮小化であり、幼稚化以外の何ものでもない。しかし、政治の現状を嘆いてみても仕方がない。そして、ただ構想だけを示してみても埒《らち》もない。

戦前の「大アジア主義」も結局は挫折している。なぜ、失敗したのか。なぜ、結局は中国を敵にまわし、アメリカとの成算のない戦争に追い込まれたのか。構想はそこにあったし、伊藤や桂太郎のような大政治家も動いた。しかし、「大アジア主義」は狭小な「日本主義」に随し、植民地解放の夢は日本の侵略へと変わっていってしまう。

戦争責任を、ここではっきりと検証しようという動きも出てきている。東京裁判という勝者による責任追及を唯々諾々として受け入れ、日本独自の責任追及をしてこなかったことを考えると、『読売新聞』が始めた戦争責任の追及の作業（編集部注——社内の専門記者から読売新聞戦争責任検証委員会を組織し、一年間にわたり連載）は、まことに望ましいことだといえるのだろう。

しかし、どうして「大アジア主義」が挫折したのかという問いは、戦争責任の追及とは若干ニュアンスを異にするものであろう。後藤のアジア主義がどうだったかはともかく、二十世紀の日本のアジア主義はどこかおかしかったのではなかったか。開かれたアジア主義ではなく、どこか偏狭なアジア主義であったのではないか。それが直接、戦争に結びついたのではなかったにせよ、そうした日本人の構想自体のなかに問題があったのではないか。

筆者は、岡崎久彦のようにアングロ・サクソンとの提携さえ崩さなければ、すべてはうまくいっていたはずだなどという浅薄な議論をするつもりは毛頭ない。しかし、後藤や伊藤には見られたリアリズムが、次第に地に足のつかないイデオロギーや精神論に傾いていってしまったのは一体なぜなのか。結局は欧州の戦争、欧米の戦争に巻き込まれて、アジアを戦場にしてしまったのはなぜなのか。それが、日本のアジア主義がどう変わっていったかを見ることによって明らかになってくるのではないかと筆者は考えている。

知識人たちの甘い石原莞爾評価

日本の知識人たちが石原莞爾にどうして甘いのか、しばしば疑問に思うことがある。いわゆる満州事変が当時の関東軍の高級参謀・板垣征四郎と作戦主任参謀・石原莞爾などの謀略であったことはすでに明らかになっているし、柳条湖での満鉄の線路爆破が、その後の中国戦線の拡大のきっかけであったこともはっきりしている。石原にしても、辻政信や瀬島龍三にしても、実は参謀たちが作戦を起案し、とくに謀略によって軍規に違反することさえして戦争を泥沼化してしまったのだが、彼らの責任は厳しく問われていない。司令官や現場の将校たちは責任を問われて戦犯として処刑されていったのだが、参謀たちは法的に責任を問われないシステムになっていた。天皇の命令を参謀総長が起案し、天皇に判を押してもらうことで奉勅命令になった。天皇は、明治憲法では責任を問われないことになっていたから、参謀の責任も問えない。ノモンハンで作戦の決定的失敗を犯した辻政信も、一時的な左遷はあったものの中枢部に返り咲く。板垣征四郎は東京裁判でA級戦犯とされるが、それは満州事変時の高級参謀としての責任ではなく、後の陸軍大将、第七方面軍司令官としての責任を問われてのものである。

日本が先の大戦に引きずり込まれた重大な原因の一つは、日中戦争に突入し、しかもその処理を誤ったことであろう。石原莞爾は日中戦争については事実上の参謀総長だったのだから、石原の戦争責任は、結果的には極めて重いものである。にもかかわらず、とくに知識人たちの間で彼の評価は高い。一体なぜこんなことになっているのだろうか。

一つは、石原が反東條で、戦争末期に東條によって予備役に編入され、徹底的に干されたことにあるのだろう。たしかに、能力的にも人間的にも、石原の方が生真面目で融通のきかなかった東條よりも格段に上だったかもしれない。しかし、能力のある人間の方がかえって大きな失敗を犯すことはしばしばある。能力のある石原が取り返しのつかない失敗を犯し、最後は凡庸な東條が尻拭いをやらざるをえなくなったと言ったら、石原に酷すぎるであろうか。筆者はそうは思わない。石原の過大評価は、東京裁判で最大の戦犯とされた東條と訴追を免れた石原というアメリカ主導の裁判の追認をするという戦後「民主主義」の誤った「進歩性」によるのではないか。もし石原が東京裁判でA級戦犯に指定されていれば、評価はおそらく変わっていたのではないだろうか。

石原過大評価のもう一つの、そして、おそらくより大きな原因は、石原の大きな構想力とその揺るぎのない信念にあったのだろう。石原の大構想は、どこかで後藤新平の「大アジア主義」と重なるところがある。石原は当時の革新派であった。石原は日中戦争を拡大した張本人であったが、自らは親中国的アジア主義を奉じていた。後藤新平同様、対中二一カ条要求には反対であったという。また、満州における五族協和の政策は、欧米による植民地主義からアジアを解放し、アジア人のためのアジアをつくるための理念であり政策であった。石原は、辛亥革命のニュースを聞いた時、昂《たかま》りをおさえ切れなくなって兵とともに韓国で郊外の山に登り、兵たちに革命の意義を説き、「中国革命万歳」を全員で三唱したという。

石原のみならず、日本の当時の革新派は、辛亥革命を支援し、孫文を日本に長い間かくまっていた。孫文のみならず魯迅や周恩来も当時日本に渡ってきており、一九一〇―二〇年代の日本は、アジアの植民地解放運動のメッカであったということができるだろう。東京、上海、カルカッタの間には様々な交流があり、後藤が奉じた「大アジア主義」は、次第に「日本主義」に傾きながらも一つの運動として大きく展開していったのである。

石原は、日蓮宗を信仰し、その影響もあって世界最終戦争が遠からぬ日に起こるであろうことを予測していた。アメリカとの最終戦争を予測していたという点でも、この石原の構想は、後藤の新旧大陸対峙論と重複するところがある。しかし、実は、両者には決定的違いが存在する。それは、後藤の対峙論が欧州大陸と組み、中国を説得してアメリカと対峙するという戦略論であったのに対し、石原のそれは宗教的信仰に近いイデオロギーになっていたという点である。外交の基本はリアリズムであり、戦略的プラグマティズムである。戦略がイデオロギーに堕してしまえば、分析眼が曇り、現実的行動がとれなくなってしまう。石原が五族協和という理念をもち、最終的には中国と連携することを考えながら、現実には、日中戦争を泥沼化させてしまったことの原因は、まさにここにあったのだろう。現実的戦略は次第に精神論に傾き、最後は武力によって相手に手前勝手の理念を押しつけるという武断主義に入っていってしまったのである。後藤の大アジア主義は、石原などの革新派によって展開されてはいくが、戦略はどこかでイデオロギーに、そしてアジア主義は日本主義へと変わっていってしまうのである。

一九一七年以降にはこれに微妙にマルクス主義がからんでくることになる。近衛文麿を中心とする昭和の革新グループには、マルクス主義への傾斜がかなりみられる。近衛が一九一八年に発表した論文「英米本位の平和主義を排す」の基本的主張は、①反英米依存主義、②反資本主義、③反自由主義であった。一方での右翼的「日本主義」への傾斜、他方での左翼的マルクス主義への傾斜、奇妙な組み合わせのようだが、戦略的プラグマティズムがイデオロギーに置き換えられていったのだと考えれば何の不思議もない。

伊藤と後藤の戦略的大アジア主義は、こうして右には石原、辻、瀬島、左には尾崎秀実《ほつみ》やゾルゲまで含む、革新派のイデオロギーに置き換えられていったのである。そうした動きを統率し、現実主義的要素を入れ込むべき立場にあった元老やリーダーたち、とくに近衛文麿は、優柔不断で、結局、右翼のテロや石原ら関東軍などに押し切られ、現実主義や合理的判断を失い、無謀な戦争に流されていったのである。(2)

日本のアジア主義と中村屋のボース

この時期の日本のアジア主義の挫折をインド独立の支援という角度から分析したのが、『中村屋のボース』である。(3)

ラース・ビハリー・ボースは、インドのハーディング総督爆殺未遂事件の中心的存在だったインド独立の闘士。一九一〇年代のインドを代表する独立運動の指導者である。イギリスに追われて日本に亡命し、最終的には日英同盟を結んでいた日本政府からも国外追放の命を受けるが、右翼の大物頭山満らの庇護により新宿中村屋にかくまわれる。その後、中村屋の相馬俊子と結婚し、日本に帰化し、一九四五年、日本敗戦の七カ月前、インドの独立を見ずに不帰の客となる。

死の直前にボースを見舞った東洋思想家安岡正篤に対し、ボースは次のように語ったという。

「日本は破れた。もうどうにもならない。……然し君はどうしても生きてくれ。生きぬいて日本民族の為に、アジアの為に、精神の源を枯らしてはならない。頼んだよ。頼んだよ。」

このボースが現在の日本に残してくれたものの一つが、新宿中村屋のカリーである。その当時まで、「イギリス風」であったカレーを、ボースがインド風のものに改め、カリーと呼んだのだ。しかし、カリーを超えて、ボースが現在のわれわれに語りかけてくるもの、それは、植民地解放をめざし、孫文ともボースとも連携した日本の大アジア主義が挫折してしまったのはなぜなのか、という問いである。

日本に亡命し、日本政府を頼り、これを利用してインド独立を達成しようとしたラース・ビハリー・ボースは、当時の日本の日本主義に傾斜したアジア主義をかなり受け入れようとした。しかし、羽織を着、三国同盟まで擁護したボースがどうしても我慢できなかったこと、それは、彼に対してまで行なわれた日本政府の外国人差別である。彼は日本に帰化するのだが、日本人と同等の権利を与えられなかった。彼は終生これに強く抗議したが、彼の主張は、結局、聞き入れられることはなかった。

中国に二一カ条の要求をつきつけ、帰化したインドの独立の闘士を差別した日本のアジア主義とは、一体何だったのだろうか。理念的、イデオロギー的にはアジア、アジアと言いながら、明治以来欧化されてきた日本は、どこかでアジアを差別し、アジア人に対し、欧米への劣等感の裏返しの優越感をもっていたのであろう。そして、そのコンプレックスは現在まで続いているように見える。本気でアジアの中の日本を目指すのなら、まずアジアを学び、理解し、反欧米や反植民地主義というイデオロギーではなく、アジア共通の意識と認識を育んでいくべきだろう。たしかに、アジアは多様だ。しかし、アジアが多様性を許容する文化的、歴史的基盤をもっていることも、また確かなのだ。多様性、寛容さ、平和、自然への畏敬。こんなことのなかにアジア的なものがあるように筆者には思えるのだが……。

注

（1）本節の分析については、『正伝・後藤新平』第四巻、四七七―五二六頁を参照。藤原書店、二〇〇六年。

（2）本節の分析については、読売新聞・戦争責任検証委員会著『検証・戦争責任Ⅰ』中央公論新社、二〇〇六年。阿部牧郎著『英雄の魂――小説・石原莞爾』祥伝社、二〇〇一年を参照した。

（3）中島岳志著『中村屋のボース――インド独立運動と近代日本のアジア主義』白水社、二〇〇五年。

Ⅳ 日本を読み解く——「平和」こそ日本的なるもの

15
日本のネオコン

2007 *Summer*

遅れてやってきたネオコン

元外務審議官田中均が二〇〇七年五月一日付の『毎日新聞』で次のように述べていたのが印象的であった。

「『日本がどこに向かおうとしているのか良くわからなくなってきた。』先日、知日派の欧州の高官が私に述べた。彼はこう続ける。『日本は外に目を向け、援助を飛躍的に拡大し、国際社会で重きをなしてきた。ところが九〇年代の経済停滞期を経て、どんどん内向きになり、援助は減り、現在は、いたずらにナショナリストの論理のみに身をゆだねている。主張する外交とか、価値の重視であるとか修辞上の方針が喧伝《けんでん》されている。これは外から見れば中国へのけん制だけの目的でしているとしか受けとられない。米国がネオコン的原理主義政策からリアリズムに回帰しているだけに、とても奇異に映る。』」

ほぼ同時期、『ニューズウィーク』誌は安倍訪米直前に総理インタビューを行い、安倍外交政策の特集を組んだ（『ニューズウィーク』二〇〇七年四月三〇日号）。表紙は安倍総理の写真とともに、「対決、安倍は外交および歴史問題についてますます強硬になる日本を擁護する」とあり、特集記事の見開きには、日の丸と安倍の半身像を掲げ、「ナショナリスト」と断定している。

実はこうした安倍内閣と最近の日本の世論に対する欧米の見解については、あまり日本のマスメディアでは報道されていない。日本のメディア自身が全体としてはかなり右寄りになったことと、この認識の変化がごく最近のことでまだ充分に理解され、咀嚼されていないことなどがその理由なのであろう。しかし、ここで留意したいのは、こうした懸念が中国や韓国からではなく、ヨーロッパや米国から発せられているということである。ナショナリズムの台頭は、実は日本だけではなく、中国や韓国を含む東アジア全体の傾向でもある。中産階級の拡大を背景に、民主化・大衆化の流れが強まり、かつ、ナショナリズムの気運が地域全体に盛り上ってきたのである。日本でも豊かさが社会全体に浸透するなかで、とくに若い世代の内向き指向と消極的ナショナリズムが目立つようになってきている。

しかし、東アジアの中でも日本の動きが突出しているのは、明らかに安倍内閣の政治・外交姿勢によるものである。今のところ、参議院選挙と公明党との連携を意識してタカ派的な姿勢をそれほど強く出すにはいたっていないが、安倍周辺の政治・外交イデオロギーは明らかにネオ・コンサーバティズムと呼べるものである。それは、ある意味では憲法改正という自由民主党の原点への回帰であり、イデオロギー色がほとんどなかった小泉パーフォーマンス政治から、本来の自民党的「保守主義」への転換である。安倍自身も、父の晋太郎よりも祖父の岸信介を強く意識しているようである。

ただ安倍晋三が岸信介と決定的に異なるのは、安倍が単に日本のアイデンティティの維持という意味で憲法改正を含むレジームの転換を望んでいるというわけではないという点である。安倍にとって日本の伝統とか文化は、おそらく岸やその世代の人たちにとってほど重要なものではないであろう。例えば、安倍やその周辺からはかつての保守主義者たちの多くが私淑していた安岡正篤的ニュアンスは全く感じられない。

逆に、安倍周辺から漂ってくるのは、市場原理主義への信頼や自由や民主主義といったアメリカ的イデオロギーへの傾倒である。こうしたセンチメントは、反中国的感情の裏返しでもあり、一つのイデオロギー、あるいはナイーブな理想主義としての形をとるにいたっている。

こう考えていくと、安倍政権周辺と最近までのブッシュ政権が極めて似た構造をもっていることに気がつく。つまり、双方とも本来の保守主義ではなく、新保守主義を奉じており、いわゆるネオコン的体質をもっているのである。ただブッシュ政権は、二〇〇六年秋の中間選挙で敗退し、ネオ・コンサーバティズムを事実上放棄し、次第に伝統的保守主義、あるいはリアリズムの方向にもどってきている。ネオコンの旗手だったウォルフォウィッツ国防副長官、ボルトン国連大使らは次々と退任し、外交政策の主導権は、コンドリーサ・ライス長官を中心とする国務省に戻ってきている。冒頭引用したヨーロッパ高官が「……米国がネオコン的原理主義政策からリアリズムに回帰しているだけに、とても奇異に映る」と語っているのはまさにこのことである。

つまり、安倍総理とその周辺は、まさに遅れてやってきたネオコンというわけなのである。たしかに小泉前総理も、アメリカのネオコン的原理主義に基ずく外交政策を支持し、イラクに自衛隊を送った。ただこの決定は小泉前総理がネオコン的思想に共鳴したというよりは、アメリカに従うことが国益にかなうというリアリズムによるところが大きかった。小泉自体は、ほとんどイデオロギーをもたない政略家であり、パーフォーマーであった。ブッシュ大統領との個人的関係を密にし、親米のパーフォーマンスをすることが彼自身にとっても、日本にとっても有益だと判断したのだろう。

安倍総理の場合は、明らかにポジションが違う。伝統的自民党路線にそって親米路線は維持しているが、自らのネオコン的イデオロギーを貫くことによって、アメリカの世論を刺激しかねないことまであえて行っている。もっとも、どれだけこの点を意識していたかについては疑問は残るが、結果として、もう引き返せないところまで来てしまったことは確かであろう。ブッシュ政権とは同根の部分が残っており、両政権の関係はそれほどぎくしゃくしたものにはならないだろうが、次の選挙で民主党の大統領が出てきた時、事態がかなり深刻になる可能性は考えておかなければならないであろう。

二重の意味を持つ「修正主義」

安倍晋三とその周辺のイデオロギーを、ネオ・コンサーバティズムと呼ぶことに若干の違和感を持つ人々も少なくないであろう。アメリカのネオコンと比べ力強さに欠ける面があるし、軍事力についても日米では大きな差がある。民主主義や自由のための先制攻撃といったアメリカのネオコン的立場は、日本で取り得るものではない。しかし、にもかかわらず、安倍周辺を日本のネオコンと呼ぶことに意味があると筆者は考えている。

一つは、前述した外国での認識。とくに『ニューズウィーク』誌などが安倍総理を修正主義者（Revisionist）と呼んでいることに注目したい。つまり、安倍晋三は、吉田茂から受け継がれてきた戦後日本の保守本流とは明らかに一線を画しているというわけだ。こうした修正主義的傾向はかつて中曽根康弘などにも若干見られたが、中曽根は旧田中派などと巧みにバランスを取りながら、その修正主義的傾向をそれほど表に出すことはなかった。

これに比べて、安倍晋三は若いということもあって、修正主義的思考を表に出すことについて大きなためらいはない。自民党内右派の清和会が党内の権力をかなりしっかり握っていること、そして、憲法問題などについて若い世代の考え方がかなり変わってきたことなどもその背景にあるのだろう。それは、自民党の旧世代の政治家たちの戦前への回帰とは明らかに異なるものの、新しいナショナリズムとでも呼びうる内向きの日本回帰ではある。しかし、この日本回帰は伝統的保守主義者たちの日本の伝統や文化への回帰ではなく、新しい中産階級の「戦後的」価値観をバックにもった内向きのナショナリズムなのである。実は、この種の新しいナショナリズムは、日本だけではなく、韓国、中国、あるいは東南アジアなどに広範に見られるものである。ただ、それぞれ国の状況によって、新しいナショナリズムの発現の仕方はかなり異なってきている。

日本の場合、新しいナショナリズムが右寄りのネオコン的色彩をもっていることは前述した通りだが、韓国の場合には左に旋回し、反米的な左寄りのナショナリズムになってきている。韓国の場合、次の大統領選挙で今の左寄りの政権が交替する可能性が高いが（編集部注――二〇〇七年三月の大統領選挙で李明博が勝利し、十年ぶりに保守政権が誕生した）、底流にある反米ナショナリズムにはそれほど大きな変化はもたらされないだろう。左寄りなのか右寄りなのかは、実はあまり重要なことではないのかもしれない。日本でも韓国でも、伝統的保守主義者たちはアメリカ的価値観にはある種の距離感を保ちながらも、現実主義的立場から親米路線を取ってきた。時代的背景を考えれば、それは当然の政治的選択であったのであろう。それに比べ若い世代は、価値観のレベルではより「アメリカ」的であるにもかかわらず、アメリカへの遠慮がかなり後退してきていると言えるのだろう。それはすでに達成された豊かさからの自信と、ある種のナイーブな「理想主義」の反映でもあるのだろう。

しかしこうしたナイーブな理想主義の問題点は、現実主義的感覚を欠き、しばしば振子を極端に右あるいは左に傾けてしまうことである。外交に関するリアリズムや、伝統や文化への思い入れからの極端な「改革」への反発などをその主要な考え方とする伝統的保守主義との乖離は明らかである。イデオロギー的保守主義者という言い方は、本来は語義矛盾であるが、アメリカの場合にはこうした人たちを「新保守主義者」・「ネオコン」と呼んだわけである。安倍周辺のものの考え方も、明らかにこれに近いものをもっている。ただ、アメリカのネオコンに旧左翼が多いことに比べると、安倍周辺は戦後育ちの〝いいとこのお坊ちゃま〟という感じが強い。岸信介に代表される現実主義的だが筋金入りの保守主義者を見て育ってきた彼らは、むしろ伝統的保守主義者にある種の憧れを持ちながら、比較的軽い乗りでイデオロギーとしての「保守主義」をかついでいる感じが強い。

またこれは安倍周辺だけではなく、多くのいわゆる親米保守主義者に共通していることだが、彼らの「保守主義」は反左翼・反リベラルというニュアンスが極めて濃く、一つのまとまった思想というより、戦後日本の現実主義的妥協に対する抗議という側面が強い。つまり、戦後的民主主義、あるいは、平和主義に対するアンチテーゼとしての「保守主義」なのである。『産経新聞』や『文藝春秋』に代表される反朝日的論調は、まさにこうしたアンチテーゼとしての「保守主義」の代表であろう。これが本来の保守主義とは似ても似つかないものであるという西部邁の主張は、筆者には極めて説得力がある。つまり、彼らの主張は反左翼・反リベラル・イデオロギーであり、本来の意味での保守主義ではないのであろう。『ニューズウィーク』誌が安倍周辺のものの考え方を「修正主義」と呼ぶのも、まさにこの点を突いてのことであろう。「修正」というのは、ここでは二重の意味をもっている。一つは吉田茂以来、池田勇人、佐藤栄作らによって引き継がれてきた、いわゆる保守本流路線に対する修正である。この「修正」は、吉田や池田的現実主義からの離脱、より理念的、イデオロギー的側面の強調である。安倍の靖国問題へのこだわりや憲法改正を急ぐ姿勢などは、この「修正」の具体的表現であろう。もう一つの「修正」は、『朝日新聞』や岩波書店などに代表される戦後的「進歩主義」に対する修正である。この部分は、反左翼的イデオロギーと重複し、具的には嫌中や嫌韓イデオロギーとして発現している。安倍政権の拉致問題への異常なまでの執着は、この部分の「修正」の象徴であろう。

実は、この安倍周辺の「修正主義」は、アメリカにとって二重の意味で懸念せざるをえないものである。一つには、保守本流路線の「修正」は、場合によると、反米の気運を盛り上げることになりかねない。つまり、現在の韓国型ナショナリズムの強い反米的色彩と同じようなものになりかねないというわけである。もちろん、安倍自身もその周辺も、これまでのところ極めて親米的だし、安倍ブレーンの一人である岡崎久彦などは「親米」を戦略としてというよりは、むしろイデオロギーとして奉じている気配すらある。ただ、アメリカにとっての懸念は、岡崎のような古い親米保守ではなく、より若い世代のナショナリズムであろう。例えば、東京裁判をどう考えるかという基本的問題をむし返し、インドのパル判事的立場をとれば、反米的スタンスが強まる可能性は少なくない。現在の嫌中・嫌韓感情が何かのきっかけで嫌米に結びつくことは論理的には充分ありうることなのだ。

また戦後民主主義・平和主義に対する「修正」が、核武装などを含めた軍事的独立の指向を強める可能性もある。防衛庁の省昇格や日米の戦略的防衛の強化は、アメリカにとって望ましいことではあるが、これがあまりに行き過ぎて核武装や独立したインテリジェンス・システムの構築に向かうことはアメリカにとって決して望ましいことではない。

もちろん、こうした懸念が短期間で表面化することはないだろうが、アメリカのアジア政策全体にとって、日本は今後必ずしも百パーセント信頼できるパートナーということにはならなくなるのだろう。とくにアメリカが、北朝鮮問題を外交で解決しようとする方向に大きく踏み出し、中国との連携を深めていこうとする時、日本はアメリカにとって越えなくてはならない障害ではあっても、決して目的を共通するパートナーではなくなってしまう。

「戦後日本の修正」は何を目指すのか

日本のネオ・コンサーバティブとしての安倍内閣が、今後どの程度のスピードでいかなる方向に舵を切っていくかは、今のところそれほど明確ではない。またネオコンとしての心情は持っているが、イデオロギーとしてそれがどれほど強固なのかも定かではない。

しかし、小泉という思想的にはほとんど無色の変人総理を経て、ネオコン的安倍内閣が成立したことは確かだし、初の戦後生まれの総理の誕生で、日本の戦後は本当に終わったのかもしれない。戦後日本は様々な曲折を経ながらも高度成長を達成し、豊かでかつそこそこ平等な社会を実現した。そしてこの成功の背景に吉田茂以来の保守本流を中心とする安定した政治システムが存在したことは、多くの人々が認めているところである。

戦後が団塊の世代の退職などでほぼ終わりを迎え、政治の世界でもネオコン安倍内閣が成立した。戦後日本の「修正」が今後様々な分野で行われていくのだろうが、われわれはそれが一体どこを目指し、どう展開していくのかを見極めなくてはならないであろう。たしかに二十一世紀に入って、世界は大きく変りつつある。この意味で日本が変わらなくてはならないのは確かであるが、安易なイデオロギー的「修正」は日本の将来を危うくする可能性がある。安倍政権が今後どうなっていくのか、また戦後の保守本流がどうなっていくのか。戦後六〇年を経て、再び新しい安定的政治レジームを模索する時が来たのだろう。

16 パックス・ヤポニカとパックス・アシアーナ

2005 Spring

欧米中心の文明観からの転換

世界の経済・社会構造が歴史的転換期のなかで大きく変化しつつある現在、日本がこれにどう対応していくかは、政府にとっても民間にとっても極めて重要かつ喫緊の課題である。

産業革命に匹敵する大きな技術革新の波が経済や社会の構造、企業の形態を変えつつある一方で、欧米中心の近代資本主義が次第に、その重心を中国やインドを軸とするアジアに移してきている。ポストモダン、脱工業化等々の概念が二十世紀後半、思想や哲学、あるいは未来学などの分野で飛びかったが、今や、ビジネスの最前線でもそうした変化が肌に感じられるようになってきている。そして、おそらく変化は今後加速度的に進んでいくのだろう。

こうしたなかで、世界がどう変っていくのか、すなわちわれわれをとり囲む環境がどう変化していくかを考え、分析することは、もちろん重要なのだが、同時にわれわれが世界のなかでどのような位置をしめているのかを明確にしておくことも必要であろう。変化する環境のなかでわれわれが何をなしうるかを知ることなしには、環境変化への対応もうまくはいかないだろうからだ。将来を予測し、そのなかでの自らの位置、役割を知るために最も重要な情報、それは当然のことながら歴史の中にある。つまり、過去の世界史のなかで、日本文明がどのような位置をしめ、どのように展開してきたかを知ることが、今後のわれわれの変化への対応を考える上で必須なのである。

かつて、アーノルド・トインビーは、大著『歴史の研究』[1]のなかで、日本文明を中国文明の系ではあるが一つの独立した文明として分類した。また、最近ではサミュエル・ハンティントンも、日本文明を他の文明とは独立したものとして扱っている。[2]彼らがどれほど日本の歴史や文明に通じているかはともかくとして、日本文明が何かユニークな属性をもっているということについて、外国の歴史家や政治学者が指摘してきたということは興味深い。

日本でいち早く、「遅れた日本シンドローム」をくつがえしたのは、梅棹忠夫であった。明治以来の日本文明論の主流は、マルキストたちの分析に象徴される西洋近代、西洋資本主義に遅れをとった日本という構図であったが、梅棹は日本の地理的位置に注目し、一九五七年に『文明の生態史観』[3]で新しい日本文明論を提示している。この梅棹の論文は、A・トインビーの来日、そして彼の『歴史の研究』に触発されたものだが、トインビーの著作にもまだ残っている西洋中心の歴史観、文明論に対して独自の文明論を展開したものだった。

梅棹の分析のポイントは、世界をユーラシア大陸の中心部の第二地域とその縁辺にある第一地域を分けたことにある。第一地域はいわゆる西欧と日本で、近代文明がつくられた地域であり、第二地域であるロシア・中国・インドなどは近代化を達成できなかった国々である。梅棹は、第一地域での近代化の実現の主たる要因はその地理的・気候的条件にあり、先行した第二地域の帝国群の侵略からまぬかれたことだとしている。そして、彼は「明治維新以来の日本の近代文明と、西欧近代文明の関係を、一種の平行進化」[4]とみて、独立した日本文明論のその後の展開に大いなる刺激を与えたのであった。

西洋的「平和」と日本的「平和」

その後、とくに京都学派と言われる人々を中心に様々な日本文明論が展開され、最近では、例えば、川勝平太がブローデルなどの影響を受けつつ、海のアジアの中での日本文明について興味深い著作をいくつか発表している。[5]

日本文明論の系譜を要約するのが本稿の目的ではないが、以下では二〇〇四年に出版された山折哲雄の日本文明論[6]を紹介しつつ、今後の日本の対外政策のあるべき姿をさぐってみることとしたい。

山折は、日本の歴史の流れのなかで、平安時代三五〇年、江戸時代二五〇年の長い平和に注目し、なぜこの平和がこんなに長い間持続可能だったかを分析する。欧米や中国、さらにはインドでもこんなに長い期間、戦争が全くなかったということはなかった。たしかに大陸の縁辺に存在する島国であったことから、梅棹のいう第二地域からの帝国の侵略をまぬかれたということはあったが、似たような地理的条件にあった英国と比べても、平和な時期の長さは圧倒的なのである。なぜ、これまでそのことに注目した「平和」の研究がなかったのか。山折は、それは「平和」の概念が西洋的にとらえられ、東洋的、あるいは日本的「平和」の理念がこれまでかえりみられなかったからだと次のように述べている。

「そもそも戦後の『平和』研究や『平和』学の実態はどのようなものだったのか。ここでその流れを一瞥《べつ》してみよう。まず念頭によみがえるのが、平和とは戦争のない状態だする定義、だったように思う。平和が失なわれてはじめてそのありがたさがわかる、というわけだ。真実の平和は、他の場所で戦争がおこっているときのことである、という定義である。トルストイの『戦争と平和』ではないが、平和は戦争の対概念とされてきたのである。パックス・ロマーナもパックス・ブリタニカも、戦争と征服のはてに手にしたパックス、すなわち秩序の維持を意味した。『戦争』がいつでも主人公で、『平和』はその果実としての脇役、あたかも歴史の裏街道を歩むかのような孤独な随伴者、だったといっていい。」

こうした西洋型平和の理念に比較すると、アジア型パックスの概念は大きく異なっているという。

「ブッダの『アヒンサー』（不殺生）やガンディーの『非暴力』、老荘思想の『無為自然』、そして日本列島に発芽した『和』のイズム」、「それらはいずれも、戦争の不在によってもたらされる」西洋型パックスではなく、「戦争の契機を欠く平和の静寂主義」であり、「戦争を宇宙の外部に放置しようとする『和』のイズム」だというのだ。(7) 山折によれば、こうした東洋的パックスを「奴隷の平和」だとして放棄し続けてきたことに問題があったというのである。

こうして山折は、平安・江戸の六〇〇年もの間「日本の平和」を可能にした日本のシステム、あるいは統治のメカニズムに光をあてる。山折によれば、こうした「平和」のメカニズムの中心にあるのは、「公家《くげ》的なものによって武家的なものをコントロールする非暴力的な技術の伝統」と「神仏共生システムにもとづく多元主義」である。

この「公家的」なるものによる「武家的」なるもののコントロール・メカニズムの中心にあり続けたのが、日本型天皇制なのである。日本の歴史のなかでごく例外的時期を除いては、天皇は権威はもっていたが権力はもっていなかった。そして、天皇は「公家的」なるもののシステムにのって、祭礼・儀式の中心にあり、また日本文化の伝統を継承する立場にあった。この権力と権威の分離、そしてその権威の永続性を保証するものとしての「血の継承」と「霊威の継承」こそが日本の天皇制の特徴であり、また「日本の平和」を可能にした統治のメカニズムであったというのである。

また、神仏共生のメカニズムは、土着の祖先信仰が外来の仏教を受け入れていく過程で次第につくられていったものである。そして、この神仏共生システムは、思想や政治のレベルだけではなく、庶民の日常生活のレベルでも深く浸透していくことになる。例えば江戸時代、神道は鎮守の森のカミ信仰などを通じて地域社会を統合する信仰へと展開していったが、他方で、仏教は檀家制度を通じて寺と家々を結び、葬式宗教として確立していったのである。こうした複数の宗教の共生は多神教型宗教の間ではしばしばみられるものであり、例えばインドのヒンズー教なども、多くの信仰や神々の集合体のような側面をもっている。そして、多神教のもとでの神々の共生は、ごく自然に、寛容な多元主義と結びついていくことになる。

そして山折は、こうした日本型の平和モデルが、近代産業資本主義が終わりつつある二十一世紀の世界で、一つの普遍的規律になりうるのではないかと、フクシマやコジェーヴを引きながら次のように論じている。

「一方に『アメリカ的生活様式』を支える『自然』的で『動物』的な規律、他方に日本の文明やその他の国々にみられる『反自然』的で『反動物』的規律」が対照的に存在し、近代資本主義が成熟していくなかでは、その「趨勢《すうせい》の一つとして前者から後者への移行、すなわち『西洋人の日本化』という現象が発生」する。つまり、ポストモダンの世界では「『アメリカ的生活様式』から『日本的生活様式』への移行」が起こる可能性が高いというのだ。そしてコジェーヴは、その「日本的生活様式」の中心にあるのが、貴族的な雅《みやび》嗜好に代表される「日本特有のスノビズム」だと考えた。江戸時代にみられた「いき」の文化などもこの「スノビズム」の一種といえるのかもしれない(8)。いずれにせよ、それは高度に様式化され、「反自然」的で、精神性の高い「反動物」的属性をもったものだという。かつてのヨーロッパのジャポニスム、アレクサンドル・コジェーヴやアンドレ・マルローの日本文化へのあこがれは、日本文明がもつこうしたポストモダン的属性によるものなのだろう。戦後、極端にアメリカ化し、日本の伝統文化を忘れつつあるわれわれにとって、こんな形でフランス人たちに日本文明をもちあげられるのは、何かおもはゆい気持ちがしないでもない。しかし、「歴史の終わり」が宣言され、近代資本主義と西洋民主主義が行きつくところにまで行きついた二十一世紀、こうした日本文明へのあこがれは、かつてのようにエキゾティズムへのペダンティックな興味というのではなく、世界の将来を示唆する一つの文明のモデルとしての重みをもってきたのではないか。

川勝平太は、こうした日本文明の特質を「美の文明」と名づけ、西洋近代の「理の文明」と対比している。(9) 正しいとか、まちがっているとかいう基準は、所詮、人間中心主義を基本として人間がつくった価値体系にもとずくものだが、美しいという感動は人間を超え、自然の中へ入っていくものである。そして自然のなかでの生きとし生けるものの共生は、寛容な多元主義のベースになるものなのであろう。また日本の「美の文明」の背景には、無常の哲学が存在すると山折は説く。

「そしてまた良寛の一句。『裏をみせ、表をみせて散るもみじ』に滲《にじ》み出ている無常感覚は、どうだろう。そこには、生きていても死んだのちも、自然そのものの懐《ふところ》に復帰していこうとする静寂、清澄の無常の調べが脈打っているではないか。明るい無常感覚である。(10)」

パックス・アシアーナの多元主義的世界

山折や川勝の日本文明論が興味深いのは、それがパックス・ヤポニカ、つまり、日本型平和モデルにつながっていくからである。長い西洋の支配の時代は、激しい戦争とそれによる秩序の構築の時代だった。そしてまだその時代は終わっていない。アメリカのイラク侵略の目的は、民主主義的秩序のアラブ世界での構築である。対立・戦争・新秩序の創造という十字軍的発想は、まだまだ少なくともアメリカにおいては支配的である。そして、そこでは「平和」は山折の言うように「戦争」の果実であり、脇役であるにすぎない。そこで重要なのは、正義であり、合理主義であって、美や無常の思想ではない。

そして、おそらくこうした西洋的「理」の文明に対して、異をとなえるのは日本型「美」の文明だけではなく、仏教や老荘思想、あるいはヒンズー教などの多元主義・多神教的宗教や哲学をベースにもつ多くの文明なのではないだろうか。山折は、パックス・ヤポニカを世界に発信せよという。この点については、筆者も全く異議はない。しかし、日本対西洋、日本対世界という構図を考える時、その間にある重要な媒介項を使うことも大事ではないのだろうか。そして、おそらくそれは中国・東南アジア・インドを含むアジアなのではないだろうか。東アジアから南アジアにかけて、ヒンズー教・仏教・儒教・道教などの思想や哲学が、長い歴史のなかで様々な形でそれぞれの文明圏に入り込んで複雑な相互関係をつくり出している。イスラム教やキリスト教などの一神教もまた、アジアで展開してきている。アジアという地域は様々な文明が長い歴史の中で対立あるいは連携しながらからみあい、極めて多元主義的な世界をつくり出しているところだということができるのではないか。

山折も、ガンディーの非暴力主義を無常の思想の一角に位置づけながら示唆しているのだが、おそらくわれわれはパックス・ヤポニカを訴えると同時に、パックス・アシアーナのモデルをパックス・ヤポニカと共につくりながら、世界平和の新しいパラダイムを提示していくべきなのではないだろうか。アジア、とくに東アジアから南アジアにかけては多神教的かつ多元主義的傾向が強い。たしかにイスラム教をめぐる原理主義的抗争は、この地域でも存在するが、イスラム教にしてもキリスト教にしても、この地域のそれはより寛容で多元主義的色彩をもっている。

そして何よりもここで重要なのは、今、中国とインドを中心としたアジアが経済的に急速に台頭し始めたことだろう。おそらく二〇―三〇年のうちに、世界経済の中心は欧米からアジアに移行することになる。そして、それと並行して、「アメリカ的生活様式」が「アジア的生活様式」に次第に変わっていくことになるのかもしれない。それは、おそらく「日本的」というより、「日本的」なもの、「中国的」なもの、「インド的」なものが共存する「アジア的」なものになっていくのではないだろうか。多くの神々のもとでの寛容な多元主義をベースにしたパックス・アジアーナ。それをアジアにおける開かれた経済統合と同時に実現していくことが、二十一世紀の日本にとって最も重要な課題なのではないだろうか。

注

(1) A・トインビー『歴史の研究』長谷川松治訳、現代教養文庫、社会思想社、一九五八年。
(2) S・ハンチントン『文明の衝突』鈴木主税訳、集英社、一九九五年。
(3) 梅棹忠夫『文明の生態史観』中公叢書、一九六七年。
(4) 同書、八三頁。
(5) 例えば、川勝平太『日本文明と近代西洋』NHKブックス、一九九一年。
(6) 山折哲雄『日本文明とは何か――パクス・ヤポニカの可能性』角川叢書、二〇〇四年。
(7) 同書、一〇〇―一〇一頁。
(8) 同書、二八三―二八四頁。
(9) 川勝平太『文明の海洋史観』中公叢書、一九九七年。
(10) 山折哲雄、前掲書、三二一―三二二頁。

17 「平和」こそ日本的なるもの

2008 Spring

同化から差別化へ

世界は、今、数百年に一回の大きな転換期を迎えている。ウォーラーステインの言う、いわゆる長い十六世紀から始まった近代産業資本主義の時代は終わり、ポスト近代の新しい展開が始まっている。そうした大きな変化のなかで日本がいかに立ち回るべきなのか。

近代資本主義は十五—六世紀のイタリア諸都市から始まり、次第にその中心は北上し、十九世紀はイギリスがヘゲモニーを握り、第一次世界大戦と第二次世界大戦を経て、アメリカの時代へと移っていく。二十世紀後半はパックス・アメリカーナの時代で、アメリカが軍事的にも経済的にも超大国として世界に君臨したわけだ。二十一世紀に入ると、アメリカのヘゲモニーにも翳りが見え始め、中国、インドなどのかつての経済大国が大きく再生する気配を見せてきた。ヨーロッパもまた、EUの統合・拡大の流れのなかで、アメリカとの距離を置き始めている。

近代産業資本主義の時代のキーコンセプトは、資本蓄積と大量生産だったということができるのだろう。これに対し、ポスト近代のキーコンセプトは、おそらく、技術革新と差別化だと言えるのだろう。もちろん、技術革新は近代産業資本主義時代も経済社会のドライビング・フォースではあったが、トム・フリードマンなども述べているように、ポスト近代のそれは、スピードも社会を変革する力も、かつてに比べ圧倒的だということができるのであろう。

差別化が時代のキーコンセプトだとするならば、日本は世界のなかでどういう差別化をはかるべきなのだろうか。明治維新に始まった日本の近代化・産業化のプロセスのなかでは、日本は欧米の主権国家を目標に、世界への同化を目指した。アジアの植民地化が急速に進むなかで、日本を欧米に同化することによって植民地化を避けようというのが、明治以来の日本の国家戦略だった。江戸時代、極めてユニークな文明を築いていたのだが、それを「扼殺」し「葬送」してまで必死に欧米化を図ったのである(1)。日清戦争、日露戦争を経て日本は列強入りを果し、日英同盟を結んで、アジアで唯一、近代主権国家として、近代化・産業化に成功する。第二次世界大戦で敗れはするが、戦後は強固な日米同盟を背景に、経済に全力を傾注し、遂に、世界第二の経済大国になっていくのである。こうしたプロセスのなかで、第二次世界大戦前はヨーロッパ化、戦後はアメリカ化が進み、日本は次第に日本固有の文化や伝統を失っていく。

ポスト近代の時代にわれわれは同化から差別化へと国家戦略を転換しなければならないと

すると、一体、日本は具体的に何を目指したらよいのだろうか。近代化・産業化を逆転して江戸時代に戻ることは、もちろん不可能である。近代の超克は昭和に入って何度か語られてきたが、必ずしも、はっきりした方向が示されたわけでもないし、これまでのところ、決して近代は超えられていない。ここでわれわれがしなければならないことは、日本の長い歴史に立ち帰って、そこにどのようなポスト近代の契機があるのかを見極めることであり、また、それらをベースにいかに差別化をはかるかを考えることであろう。誤解を避けるためにつけ加えれば、差別化は、決して鎖国や狭いナショナリズムに回帰することを意味しない。ポスト近代の差別化は、グローバリゼーションが前提であり、グローバルに差別化を発信することが極めて重要になってくる。明治の知識人たち、例えば新渡戸稲造や岡倉天心は、流暢な英語で『武士道』や『茶の本』を書き、海外に日本や日本文化を発信しているが、今、差別化でわれわれに求められているのは、まさにこうした開かれた日本回帰なのである。

平安・江戸の「平和」の意味

日本の歴史を繙《ひもと》いてみて、まず、気づくのは、日本が対外的に交戦したことが、とくに明治維新までは極めて少なかったという点だ。六六三年の白村江の戦い、一二七四―八一年の文永・弘安の役、そして、一五九二―九六年の文禄・慶長の役である。たしかに、五世紀から七世紀にかけては、九州と朝鮮半島の南は、言わば一体で、数々の小競り合いはあったが、朝鮮半島を舞台にした最初の大きな戦いは白村江の戦いであった。六六三年、日本は百済を救援するために、百済と連合を組み、唐・新羅連合軍と白村江で海戦を行うが、唐の水軍に敗れ、この戦いを契機に朝鮮半島から撤退することになる。

文永・弘安の役は、いわゆる元寇。元のフビライが高麗を制圧した上で、当時、南宋と深い交流のあった日本を攻撃した戦い。文永の役は荒海の暴風雨で、弘安の役は大型の台風で、元・高麗連合軍は退却を余儀なくされている。フビライは第三回目の攻撃を試みるが、高麗の疲弊やベトナムでの敗北などが重なり、結局、遠征は果たせなかった。日本の歴史上、唯一、日本が征服の危機に瀕した時だが、荒波に隔てられた大陸縁辺の島国であるという地理的条件にも助けられて征服をまぬかれている。

大陸縁辺の島国という点ではイギリスも日本と似ているが、カレーとドーバーは距離的にも近く、海が大きく荒れることも少ない。そんなこともあって、イギリスは紀元前五・六世紀から何度も他民族による征服を受けており、今でも多民族の分裂国家であるという特色をもっている。まず、ケルト、そしてローマ。ローマ滅亡後は、アングロ・サクソン、そしてノルマンと十一世紀まで多くの民族に相次ぐ攻撃を受け、征服されている。元寇の経験は神風信仰を生むことになるが、日本海の荒波と天候の不順が日本を大きく利したことはまちがいない。

文禄・慶長の役は、明治維新以前、日本が大陸征服を目指した唯一の例であるが、豊臣秀吉の死によって終止符が打たれている。しばしば秀吉晩年の誇大妄想によって始められた戦いだとされているが、当時の彼我の軍事力からすれば決して荒唐無稽な戦いではなかった。事実、文禄・弘安の両役とも、初戦は日本軍が大勝している。しかし、ここでも問題は日本海を挟んでのロジスティクスであった。もし日本が大陸から陸続きであるか、イギリスのように渡航がたやすかったら、結果は異なっていたかもしれない。いずれにせよ、その地理的条件や気候条件にも助けられ、日本は建国以来、ただの一度も他民族の侵略にあったことのない、世界の中でも例をみない希有な国なのである。他国による占領も、第二次世界大戦後の七年のみである。明治維新以降こそ、日清・日露戦争、第一次・第二次世界大戦と四つの大きな戦いをするのだが、他国、とくにヨーロッパ諸国に比べて、極めて戦争の少なかった国であるということができるのであろう。

もちろん、日本に動乱の時代がなかったわけではない。源平の合戦から江戸開幕にいたる四五〇年、南北朝の争乱を経て応仁の乱から、いわゆる戦国時代に至る時代である。しかし、その前後、平安時代の三五〇年、江戸時代の二五〇年は、絶対的平和が続いた時代である。合計六〇〇年にわたる平和の時代。これは、世界の歴史の中で奇跡に近いことである。宗教をめぐって戦争につぐ戦争をしていたヨーロッパはともかく、中国においてもインドにおいても、三五〇年や二五〇年ものあいだ平和の時代が続いたことはなかったのである。しかし、この長い平和の時代に注目して日本の歴史を論じることはごく最近まで極めて稀であった。少くとも、読みものの上では、源平時代や戦国時代、そして明治維新などの動乱の時代が、日本人は圧倒的に好きだったのである。例えば、山折哲雄は自らの経験をたどりながら次のように述べている。(2)

「私自身の中学・高校時代の記憶でいっても、平安時代よりは変革期の鎌倉時代、もしくは動乱時代の応仁の乱期が魅力のある転換の時代として大文字で語られ、またそのように教えられていた。同じように江戸時代よりはむしろ圧倒的に、明治維新以降の『近代』の意味に大量の光があてられていた。平安時代は女々しい貴族政治の時代、江戸時代は後ろ向きの温かい封建体制の時代、といったステレオタイプの議論が大手をふってまかり通っていたのである。」

「とくに第二次世界大戦後になって、そのような見方が主流になるようになった。『平和』憲法の制定をへて、占領下にもかかわらず『平和』の時代に恵まれていくなかにあって、われわれは、むろん私自身も含めて明治の革命を論じ、鎌倉時代の革新的な精神を論じて倦むところがなかったのである。おそらくそのためであろう。平安時代の比重が次第に軽くなり、江戸時代の存在理由がいつのまにか歴史の後景にしりぞけられていった。ましていわんや、平安時代の三五〇年、そして江戸時代の二五〇年がもっていたかもしれない『平和』の意味について考えようとする人間が、ほとんどいなくなってしまったのである。」

「いつのまにか世の中には、机上の『革命』論者、青写真だけの『戦争』論者がはびこるようになったといっていいのだろう。」

山折はこの「平和」の時代の分析こそが、日本を理解するために最も重要なポイントだとして次のように述べている。

「……細部にわたる枝葉を切りはらっていえば、要するに政治と宗教の関係が均衡を保っていたからであった、と私は思う。政治と宗教のシステムがうまくかみ合い、両者のあいだに深刻な敵対関係を生みださなかったからではないか、と考える。宗教の側が政治の仕組みにたいしてあくことなき異議申し立てをしなかったということだ。そして国家もまた宗教の力を徹底的に殺ぐまでに、これをコントロールする企図をもったことがなかった。それが結果として政治の安定をもたらし、社会の秩序を保つことに役立ったのではないか。(3)」

たしかに、宗教をめぐって血で血を争う果てしない戦いを続けたヨーロッパやイスラム諸国と比べると、これは日本の著しい特徴である。中国や東南アジアの他の多神教の国と比べても、日本の平和の時代は圧倒的に長い。山折の言うように、この「パックス・ヤポニカ」の仕組みは、二十一世紀に入ったポスト近代の世界のなかでわれわれが真剣に考えるべき課題なのであろう。つまり、グローバリゼーションのなかで、われわれが差別化するための最大のポイントは、この「平和」のメカニズムではないかということなのだ。

真の意味での日本回帰

明治維新以降の近代化・産業化の時代は、ある意味では「平和」国家日本が欧米流の「戦争」国家を目指した時代であった。植民地化を避けるためにやむをえなかった選択であったとはいえ、この事実を直視することなく、日本の差別化を考えることは不可能なのではないだろうか。

そして、この「平和」を背景に、日本は極めてユニークな思想と文化を紡ぎだしていったのである。ここで日本文化の真髄をわずかなスペースで語りつくすことは不可能だが、あえてそれを一言で表現するならば、「和」の精神なのではないだろうか。戦後の日本文化論の展開のなかでは、この「和」の問題については集団主義とか主体性の欠如とかネガティブに語られることが多かったが、これは西洋近代思想から見た日本ということではなかったか。西洋近代を相対化してみれば、この日本の複眼的多元主義、あるいは、あいまいさこそ、二十一世紀のガイディング・プリンシプルになるのではないだろうか。

西洋近代の行きづまりは、近代ヒューマニズム、つまり、人間中心主義の行きづまりでもある。神の名のもとに人間のために自然を破壊しつづけた結果が、現在の環境問題である。自然との共存、それは、神々たちの共生でもある。日本が神道というアニミズム的祖先崇拝と仏教を共生させ、それを政治・社会と交叉させせながらつくってきた平和のメカニズムは、単に宗教の問題にとどまらず、実際に親和的な社会を築きあげていったのである。江戸時代から明治にかけて来日した欧米人たちが日本の自然の美しさとともに日本人の親和性に強い感動を受けたことはよく知られているが、この自然と人間、そして人間どうしの「和」こそが日本を日本たらしめているのであろう。そして、この「和」の背景には、無常感、あるいは自然に対する畏敬の念がある。自信に満ちあふれた近代西洋の傲慢さに対して、この謙虚さこそ、われわれが世界に対して発信しうる哲学であり文化なのではないだろうか。

ポスト近代の時代の見取り図はまだ誰にも書けていない。しかし、次第にそのキーコンセプトが環境であり、平和と安全であることは理解され始めている。実は、こうした局面で日本と日本人が果せる役割は極めて大きいのではないだろうか。世界に例のない「平和」の歴史をもつ日本は、決して普通の国ではない。明治維新以降、普通の国になろうとした時期もあり、今日でも、普通の国になれと説く人々は少なくない。しかし、この普通でないことこそ、グローバルな世界での日本と日本人の差別化のポイントである。

しかし、まずそのためには、日本と日本人が日本回帰を果さなくてはならない。明治維新でのヨーロッパ化、第二次大戦後のアメリカ化で、日本は二度、過去を徹底的に消し去ってしまった。そして、そのことは多くの日本人のなかに抜きがたい欧米コンプレックスとして、今でも残っている。日本を知らない、日本の歴史を知らない日本人がなんと増えてしまったことか。現在、高校では世界史は必修科目であっても日本史は必修科目ではない。一体、どこに自分の国の歴史を子供たちに教えない国があるのか。教育再生会議もよいが、まずここから変えていかないと日本の教育はどうにもならない。

今、日本は世界史の流れの中で極めて戦略的な位置を占めている。ポスト近代は、おそらく日本的多元主義と共生の哲学を必要としている。まず、日本人自身がこれをはっきりと自覚し、日本回帰を果たすこと、そして、それを世界に発信することが重要なのである。近代化・産業化に成功したのだが、いや成功したがゆえに先が見えなくなり、自信を失いつつある日本だが、ここで開かれた日本回帰を果たすことによって自信を取り戻し、世界の中の日本の存在感を示すべき時であろう。

17 「平和」こそ日本的なるもの

注

（1）渡辺京二『逝きし世の面影』葦書房、一九九八年。
（2）山折哲雄『日本文明とは何か――パックス・ヤポニカの可能性』角川書店、二〇〇四年、一七四頁。
（3）同書、一七七頁。

V

〈対談〉日本の教育を問う！

山折哲雄
榊原英資
（司会・編集部）

1「精神」を否定した戦後教育

――本書で榊原さんは、「グローバル化、デジタル化のなかで、むしろローカル性、アナログ性こそ価値を生みだす」と述べられています（本書「8 グローバル化本質と教育の重要性」）。これは、本書の核心的な主張の一つであろうと思いますが、これに関連して、「だからこそそうした価値の担い手となるべき人材育成が重要だ」、と教育の重要性をとくに強調され、実際、「次世代リーダー養成塾」などの実践にも積極的にコミットされています。また単にエリート教育だけでなく、例えば「料理人も、ホテルのサービスマンも、プロであるし、また、パートのスーパーの店員だってプロになることはできる」とも述べられ、そうした職業意識を育む上でも、さらにグローバル化によって拡大する格差を是正するためにも、教育が重要であると強調されています。そこで本日は、宗教学者の山折哲雄さんと日本の「教育」にあり方について存分に語っていただきたいと思います。

まずは「戦後教育」と呼ばれるものについてどんなお考えをお持ちでしょうか。

戦後の歪みを象徴する戦後教育

榊原 私自身、戦後教育のなかで育ってきたわけですが、今日の状況を考えても、やはり出発点からおかしかった、戦後日本の歪みを戦後教育が象徴している、と思わざるを得ません。

そもそも日本の戦後というのは、基本的に戦前の全否定でした。ちょうど明治が明治以前の全否定だったように。そういうところから日本の戦後教育も出発している。しかし、戦前の全否定とは、歴史の全否定にも等しい。戦後教育は、何か原点を失った教育、教育に必須であるはずの歴史観を欠いた教育になってしまった。

例えば、戦後、「社会科」などというとても奇妙な科目が登場した。おそらく「戦前はおかしい。日本国民は民主主義をこそ学ばなければならない。その民主主義を教えるのが社会科だ」というわけでしょう。他方で、日本の歴史はきちんと教えられていない。現在、高校では世界史は必修科目であるのに、日本史はそうではない。そして戦後、歴史観と言えば、左翼の歴史観だけがずいぶん幅を利かせてきたわけです。

もちろん戦前の教育にもいろいろ問題はあったと思いますが、哲学や歴史を中学、高校で教えるといったように、やはりそれなりの一般教養を育む教育だった。戦後は、大学に二年間の教養課程が残ったが、現在ではその教養課程も実質的には消えつつある。

それと戦後教育の根幹には、悪しき「平等主義」がある。戦後改革の一環として学校教育法がつくられ、大学について言えば、教授会ですべてが決定されるようになった。一見「民主的」な制度ですが、しかし、これでは将来まで見据えた大学としてのマネジメントなどできるわけがない。大学運営それ自体を放棄しているようなものです。こんな次第で、戦後民主主義の歪みの最も悪いところが教育に体現されてしまった。

——その「戦後教育」は、アメリカに押しつけられたものなのか、あるいは日本が自ら進んで受け入れていったものなのでしょうか。

榊原 進んで受け入れたのでしょう。もちろん当初は、アメリカ政府やGHQの意向がかなり反映されたはずです。しかし、戦後最も影響力を持った丸山眞男にしろ、大塚久雄にしろ、いずれも西洋近代を絶対視し、そこから日本人を教育する、日本を変える、といった主張です。いわばそうした戦後の〝啓蒙思想〟の流れの中で、日本的なものが埋もれてしまった。明治も、ある程度、過去に対して同じようなことをやったわけですが。

日本を教えない日本の教育

榊原 ふつうどこの国でも自国の歴史というのは必ず必修です。ところが日本の高校では、世界史が必修で、日本史は選択科目になっている。また小学校や中学校でも、日本の歴史は、あくまで「社会」という形であって、「日本史」としては教えない。つまり日本の歴史を「日本史」

として全員に教えるというシステムを日本はとっていない。これこそ戦後の歪みの最たるものと思います。戦前を全否定するというところから、こういうシステムになってしまったわけですが、戦後も六〇年経っているのに、いまだに直っていない。

それと、キリスト教であれ、仏教であれ、ヒンズー教であれ、イスラム教であれ、その中身は違っていても、どの国にも根源的な宗教、倫理、哲学のようなものがある。ところがいまの日本にはそういうものがない。日本に宗教はなかったというような言い方もありますが、そんなことはないのであって、もともとは神仏が混合したような宗教が存在した。しかし戦後、そういう宗教的なるものを否定してきたわけです。

つまり歴史を否定し、宗教や哲学を否定する。教育カリキュラムが全体として歪んでいるわけです。そしてこの歪みが、戦後日本の知的世界全体の歪みにもつながっている。こんな国は世界中どこにもありません。ここから回復しないと、日本という国も、日本人も、どうにもならないところに来ている。

海外で気づく日本を知らない自分

榊原 自分がいかに日本を知らないかを痛感したのは、私の場合、アメリカにおいてです。一九八〇―一九八一年にハーバード大学の客員準教授として「日本経済論」を講義しました。一応曲がりなりにも経済学や経済史は勉強しているわけですから、日本経済論なら何とか教えられる。しかし例えばハーバードで日本経済論を教えれば、当然、日本のことを聞かれるわけです。日本とはどういう国なのかと。そういう疑問にうまく答えられない。日本の歴史を学んだつもりでも本当に深く知っていたのではなかったわけです。もちろん表面的には答えられますが、平安時代はどういう時代だったか、日本には宗教はないのか、と聞かれても、きちんと答えられない。そういうことを通じて日本を知らない自分に気づかされる。私の場合、アメリカで、しかも四十歳になってからこのことを痛感しました。さりとて欧米通を自認し、欧米を絶対視している人たちが、実際にフランスのことをよく知っているか、イギリスのことをよく知っているか、アメリカのことをよく知っているか、というとそうでもない。基本的に知識が非常に浅薄になっている。

〝戦後啓蒙思想〟と〝構造改革〟

榊原　歴史をきちんと教わっていないからこそ、歴史に対する感覚も生まれてこない。日本の歴史をきちんと知ろうと思えば、日本史も世界史とクロスオーバーしているわけで自然と他国の歴史とも交差してくる。しかし日本の歴史を知らない分、その感覚も持てない。あまりにも巨大な精神的空白を戦後につくってしまったという気がします。

最近も「構造改革、構造改革」と言われました。これはあまりに浅薄な主張ですが、まさに戦争直後の戦前の全否定も同様で、西洋近代を美化して日本を切るような、ある種の〝啓蒙思想〟です。もちろんそうした日本批判には妥当な部分もある。実際、丸山眞男などは、私も学生時代に一生懸命読みました。しかし丸山眞男の議論にしても、やはり「構造改革」を連呼するような乱暴な議論と通じるところがある。戦後日本は、こうした粗野な「構造改革」的な議論を繰り返し、自分の過去を消していくうちに、いまの自分がいる位置すら見失ってしまった、そんなふうに感じられる。

アメリカ民主主義への無理解

山折 自分の体験からお話ししたいのですが、敗戦は、旧制中学二年のとき、岩手県の花巻で迎えました。玉音放送を聞いたときのことは、いまだに鮮烈に覚えています。悲しみとか悔しさというよりはやはり開放感でした。いまから思うと、あれが戦後民主主義教育の出発点だった、と思います。私も軍国少年でしたが、敗戦で味わったのは開放感でした。

ところがそれからずいぶんたって、二〇年くらい前に、初めて米国ワシントンのリンカーン記念堂を訪れる機会があり、記念堂の背後に記されていた“enshrine”という英語を見つけて衝撃を受けました。「われわれアメリカ国民はリンカーンをここに神として神殿に祭る」という意味ですから。つまり、アメリカ人にとってリンカーンというのは、「宗教的人間」とも称すべき偉人だったわけです。アメリカの民主主義に学べとは言われても、こういうことは戦後の民主主義教育の中で少しも教えられてきていません。

そしてふと左側を見ると、今度は壁面に大きな文字で、あの有名なゲティスバーグ演説が彫られている。「おや」と思って近づいてみたら、ちょうど最後の文章が目に入ってきました。例の"The government of the people, by the people, for the people"（通常「人民の人民による人民のための政治」と訳される）です。これは戦後、耳にタコができるほどずいぶん聞かされていたし、ものの本で読んできたわけですが、何気なしにその上に視線を移したら、"dedicate""devotion"、つまり「犠牲」や「奉仕をする」といった言葉が各行に七回か八回出てくる。

そして帰国してからもう一度よく読み直してみました。すると「われわれアメリカ国民は、国家をつくるために多くの犠牲を払って献身し、神の名のもとに血を流した」といった文章がずっと続き、そして最後になって、例の"The government……"が来るわけです。

そのときにはっと思いました。われわれが受けた戦後の民主主義教育というのは、非常に偏向したアメリカもどきの民主主義教育だったんだと。お話に出た丸山眞男や大塚久雄、それから川島武宣といった〝戦後啓蒙思想〟の人々は、一切そういうことに触れなかった。最後の"The government……"だけを強調して、国のために犠牲になるという部分は出さなかった。

どこまで自覚的だったのかは分かりませんが、"The government……"といった部分だけを強調するのは、当時の代表的な知識人に共通したことです。他方でこの点を指摘するアメリカ研究者もいなかったような気がします。「アメリカ的民主主義」なるものも戦後日本においてこのように曲解され、これが戦後の「民主主義教育」を方向づけてしまった。これに気づいただけでもワシントンに行った甲斐がありました。

西洋近代との対峙――福澤諭吉・内村鑑三・柳田國男

――山折先生は、明治維新と西洋近代との関係について、福澤諭吉、内村鑑三、柳田國男の三人を挙げて論じていらっしゃいますね。

山折　この三人は、国のために奉仕するという精神は、皆同じように持っていたと思います。ただ近代国家をいかにつくり上げていくかという、そのデザインの次元で違っていた。結果としては、日本がこれまで基本的に福澤路線で来たことは正しかったと思います。私は何もこれを否定するつもりはありません。そもそもそれ以外に道はなかった。しかし内村鑑三は、西洋文明を受容しながらもキリスト教精神を排除するのは西洋文明の不完全な受容だと非常に厳しく批判し、「だから文明開化路線は問題だ」と最も早い時期に言っています。他方、柳田國男は、自立農民の育成こそ近代国家としての日本の至上課題と考えてこれに取り組むわけですが、結局、挫折し、民俗学に「下野」し、この立場から日本の文明開化路線に批判の目を向けていくことになる。後世の目から見ると、このように近代日本には三つの選択肢があった。

その後、柳田國男の理想は、戦争に敗れることによって、つまり農地解放によって半ば実現された。ところが内村鑑三が提起した問題は、全く手つかずのままです。戦後六〇年を経て日本人は、ようやくこの問題を問題として認識し始めたと言えるかもしれません。西洋文明の根底にキリスト教精神という宗教や信仰の世界が横たわっていることに気づき始めた。

この三人は、いずれも大した先人、リーダーだと思います。この三人が示したそれぞれの日本のありようを、これからどう生かしていくかが、非常に重要になってくる。

精神的基軸の不在

山折 9・11から半年ぐらい経った頃のことだったと思いますが、当時の小泉首相とお話しする機会がありました。小泉さんが京都に来られた機会に、当時の文化庁長官の河合隼雄さんからのお誘いで、祇園の料亭で小泉さんを囲んで会食をしたのですが、その間、質問をしようかしまいか、せっかくリラックスして飲んでいるのにこんな質問をしていいものか、と迷ったことがありました。9・11のテロが発生した晩にブッシュ大統領が行なった、「十字軍」という文言まで入った有名な演説がありますが、最後は『旧約聖書』の詩編の言葉を引用して演説を締めくくっている。演説を聞きながら、『旧約聖書』の言葉が出てくるなという予感があったのですが、その通りでした。「われわれはいま死の谷を歩んでいるが、神の加護のもとに前に進んでいこう」といった話です。調べてみると『旧約聖書』の詩編のダビデの言葉です。その後しばらくしてそのあたりに詳しいアメリカ人に尋ねてみると「あれは、ユダヤ教徒ならだれでも知っている言葉だよ」と言う。そんなことが頭にあったものですから、小泉さんに「9・11の時、ブッシュ大統領は、『旧約聖書』を引用して演説を締めくくりましたが、もし東京にあのようなテロが襲ってきたら、首相は日本国民と世界に向かってどんな言葉でメッセージを出しますか」と聞いたんです。

榊原　それは厳しい質問ですね（笑）。

山折　意地が悪い話ですよね（笑）。そうしますと、小泉さんはしばらく天井を降り仰いでおりましたが、元に戻して「ないよ」と一言おっしゃった。私は、自分なら何と答えるだろうと、同じ問いを自分自身にも突きつけておりました。そして、この問いを日本国民全体はどう受けとめるだろうか、ということも含めて首相に尋ねたわけです。

しかし首相の言う「ない」というのは、実感的によくわかる。本当に「ない」わけです。しかし一国のリーダーがそれではやはり具合が悪い、と腹の底で思いました。そしてなぜこんなことになったのか、われわれ日本人は、危機的状況の中でも最後の拠り所、心の支え、精神的な芯となるような言葉をすでに見失ってしまったのか……そういう一種の絶望感にも似た気持ちになりました。

「死の覚悟」という言葉

山折 しかし、日本人にとって『旧約聖書』の言葉に匹敵するような言葉を敢えて一つ選べと言われれば、それは「死を覚悟する」という言葉以外にないだろうと思います。

死を覚悟するという意味を内包した言葉は、『武士道』『葉隠』『平家物語』など日本語に数多くある。しかし戦後民主主義は、こうした死の言葉をタブー視しました。振り返ってみて、戦後とはそういう時代だったと改めて思います。確かに戦前の軍国主義の時代、無謀な戦いの中で国のために多くの若者たちが、それこそ死を覚悟して死んでいったわけですから、誰も死の言葉を口にできない。そこは首相といえども、うっかり言葉にできない。ところがアメリカ人はそういう思想的な言葉を持っている。これでは敵うわけがない、そういう思いがずっとありました。

では、「死の覚悟」という言葉をどう復権させるか。どう記憶し直すか。これが、今日の日本人にとって非常に重要と思いつつも、それがなかなかできない。私の場合、日文研（国際日本文化研究センター）の教授や所長であったわけで、そうであるとすれば、なおさらこういうことを口にできない。誤解されるだけですから。だからこそ自分自身でも封印してきたわけです。

ところが、自民党が大勝したあの衆議院選挙のとき、小泉さんは「おれは死ぬ覚悟でこの郵政改革を」と言った。あのとき初めて「死ぬ覚悟でやる」と言ったわけです。本当にそう信じて言われたのかどうか、それはわかりませんが、最後に出てくる言葉は、やはりこれか、と思い、実際、あの選挙では大勝利を収めた。

現在の教育を立て直すのは容易なことではありませんが、そのためには、たとえば「死の覚悟」といった事柄が何であったか、その日本人の精神的基軸であったものを記憶し直すことから始めなければならない。結局、そういうことではないかと思います。

榊原 最後の拠り所がないというのは、日本人全体、とりわけ若者に当てはまりますね。

山折 しかし榊原さんも〝ミスター円〟として、例えばアングロサクソンのリーダーたちとつばぜり合いの折衝をやるときなどには、やはりそのぐらいの気持ちになられたのではないですか。

榊原 おっしゃるとおり、やはり何か支えがなければ、なかなか彼らとは対峙できません。私の場合は宗教的なものとは言えませんが、ある種の国益意識や日本人であるという自覚、そういう支えがなければ彼らとは戦えない。彼らの方は、そういうものを確実に持っている。最終的にはキリスト教なのでしょうが、それはあまり表には出さない。しかし国益の方は臆面もなく出してくる。ですから折衝がどんどん激しくなってくれば、最終的には「死ぬ気になって」ということになる。

「母」「死ぬ覚悟」「神様」という心の支え

山折　二〇〇六年にイタリアのトリノでオリンピックがありましたが、日本は連戦連敗でした。最後に荒川静香さんが金メダルを獲得して、何とか面目を保ったわけですが、それまではずっと負けっぱなしだった。

オリンピックがちょうど中盤に差しかかった頃に、チャンネルをひねっていたら、ふっと前畑秀子の顔が映ったんです。NHKだったのですが、彼女がロサンゼルスとベルリンでメダルを獲得したときの回想番組でした。思わず見ておりましたら、これはトリノで負け続けている日本の選手たちへの応援のつもりでNHKが再放送しているんだ、ということがだんだんわかってきた。

ロサンゼルスでは、女子平泳ぎ二百メートルで銀メダルを獲るのですが、彼女は「これで自分の使命は終わった」と、引退しようと思って帰国する。しかし今度は、「次のベルリンで金を獲れ」という声が沸き起こる。精も根も尽き果ててやる気もないところにそう言われたので、彼女はお母さんに相談する。するとそのお母さんは「もうひと踏ん張りして頑張れ」と。そして実際、その母の言葉を支えにしてもう四年間がんばり、ベルリンでやはり決勝に進むわけです。

そして最後の決勝レース。彼女は心の中で「死ぬ覚悟で泳ごう」と思ったそうです。この言葉はとても印象に残りました。それで、飛び込み台に上って号砲が鳴る直前、心の中で「神様」と叫んだのだという。いまから七〇年ほど前のことですが、彼女の心を支えていたのは、「母」と「死」、そして「神様」という三つのキーワードでした。

「らしく」「楽しく」「笑顔で」という強迫観念

山折 では翻っていまの若者たち、いまのオリンピック選手たちは、どんなキーワードを心の支えにしているのか。そう思って新聞、雑誌を調べてみました。するとやはり三つのキーワードが出てきました。「自分らしくプレーする」「楽しみながらプレーする」「笑顔を浮かべてプレーする」。この三つのキーワードを、ほとんどどの選手も異口同音に述べていました。最も多いのは「自分らしくプレーする」です。「らしく」「楽しく」「笑顔で」というわけです。戦前の「母」「死ぬ覚悟」「神様」とは大きな違いですね。わずか七〇年でこれほどドラスティックに価値観が変わってしまったのかと、茫然となりました。

ところが、しばらくして反省しました。例えば荒川静香のような選手が猛訓練をするとき、心の中ではやはり「お母さん」と叫んでいたのかもしれない。「ここは死ぬ覚悟で切り抜けなければ」と思っていたのかもしれない。場合によっては「神様」と、声なき声を上げていたのかもしれない。問題はむしろ、そういう若者の内心に潜む苦しみの叫びを大人たちが聞いていないだけなのかもしれない、と。

榊原 そういうことを言ってはいけないと思わされているのでしょうね。若者がなかなか死を意識しないということはあるのかもしれませんが、しかしやはり窮地に立たされれば、「母親さん」といったことは出てくるのではないでしょうか。しかし他方、「そんなことは言ってはいけない」「格好悪い」と思いこまされている。「自分らしくなりなさい」とか「楽しくなければだめだ」と、これではちっとも楽しくも自分らしくもなれないわけですが、そういう一種の強迫観念を持っているのではないか。そしてこれこそ戦後民主主義の悪い一面だと思うのです。

今日タブー視される「母親」

山折 二〇〇七年夏、大阪で世界陸上が開催されました。百メートルでアメリカのタイソン・ゲイという黒人選手が優勝するのですが、その後の記者会見で述べていた言葉が印象的でした。パウエルというジャマイカ出身の黒人選手がライバルで、下馬評ではパウエルが勝つと言われていた。ところがタイソン・ゲイが勝つ。六〇―七〇メートルの時点ではパウエルに抜かれていた。そのときに母親の言葉が甦ったそうです。「おまえのやっていることは価値があることだよ。信じてやれ」と。その「価値」という言葉と「信じよ」という言葉が甦ってきて、そして全身に力が漲り、パウエルを抜いたというんです。それで自分は母親のおかげで優勝できたと。そういうインタビュー記事が新聞の片隅に載っていました。

そのときに思いました。「母親」という言葉も、今日の日本社会では、ある種タブー視されている。いわゆる「男女参画社会」において、「母性」などとはあまり言ってはいけないことになっている。しかしアメリカのタイソン・ゲイにとっての母の言葉の重みにしろ、先ほどの前畑秀子の体験にしろ、母の力というのは、やはり普遍的なものだと思うのです。しかし、この点について学者が分析すると、「これは特殊日本的な現象だ」と捉える人が非常に多い。こうした捻れの問題も気の重くなる話です。

2「人間関係」を見誤った戦後教育

文科省の廃止

――では具体的に教育システムのどこから変えていけばよいのでしょうか。

榊原　やはり文科省主導のシステムそのものを根本的に組みかえなければならない。

山折　場合によっては、文科省自体をなくしてもよいのでは、そういうことでしょうか。

榊原　そう思います。

山折　地方分権の問題とも関連して、そういう時期に来ているという気がします。

榊原　ちょうどいま、「政策提言」のようなものに自分も関わっているのですが（新国家ビジョン委員会、世話人＝稲盛和夫・榊原英資・山折哲雄）、そこでも文科省廃止を提言しようと思っています。

文科省廃止も決して非現実的ではないと思うのは、例えばアメリカには、エデュケーション・ミニストリー（教育省）というのが存在しますが、権限はほとんどない。教育の実質は州や市が担っているわけです。だから大学も州立・市立か私立であって、国立大学は存在しない。カナダにいたっては教育省に相当するものがそもそも存在しない。というのも、各州にはあるが、連邦政府にはない。今後、日本も地方分権の問題と絡めて、教育制度を分権化し、国が地方に対してお金は出しても口は出さないようにしていくべきです。

いまの日本の教育制度は、いわば「社会主義的」と言って過言ではない。文科省の力が圧倒的に強く、規制で雁字搦めになっている。例えば学校をつくるにはいくつもハードルがある。学校の設置基準が極めて厳しいからです。また学校の先生になるのも容易ではない。かと言って、こうした〝厳しい〟選抜で面白い人材が集まるとは限らない。小学校の先生になるにも教員免許が必要で、大学で教育課程を取得し、実習を受けなければならない。ですから教員免許を持っていない私も山折先生も、基本的に小学校の先生になりたくてもなれない（笑）。厳しい規制が、結果として強固な既得権益集団をつくりだしているわけです。

官の規制の中でも、教育関係の規制は異様です。まさに「社会主義」そのもの。私が関わった金融の世界ではそんなことはない。規制が厳しかった時代でもそうではなかった。

時代遅れも甚だしいという一例として教科書の問題があります。教科書の価格はいまだに文科省が決めている。昭和二十二年頃の法律に則ってのことですが、これはおそらく紙が不足していた時代の法律です。こんな法律がいまだに活きている。他方、教科書の検定も文科省が行っている。つまり教科書は、文科省の最大の利権になっている。

教育の地方分権化

榊原 地方分権とも絡めて、こうした教育関係の制度をもっと自由化すべきです。仮に、一定レベルの教育を全国規模で保証するという点については、依然、国が責任を持つということであっても、それぞれの地域がそれぞれの教育制度をもっと自由につくり、もっと自由に教育を行えばよい。最低限のルールを定めるにしても、それ以上のことは、それぞれの地域で自由にやってくださいと。その結果、多様な学校がつくられればよい。例えば、塾が学校になってもよい。あるいはいまのような受験のためではない塾があってもよい。現在、インターナショナルスクールは学校として正式に認可されていませんが、こういうものも学校として認可して構わない。あるいはお寺が学校をつくってもよい。そういう多様な学校があってそこからいろいろ選択できるようなシステムにこそすべきです。

現在の教育の中央集権的システムは、明治期につくられたものです。帝国大学をつくり、ナンバースクールをつくるというシステムが基本的に今日まで続いてきた。そのようなシステムを、もう一度、江戸時代的なものに戻す――もちろん、全くの江戸時代の再現ではあり得ませんが――といった発想転換が求められている。

といっても、都道府県や市町村などの地方自治体が権限を持つべきだというわけではない。むしろそれぞれの学校、それぞれの校長先生が極力権限を持つようにすべきです。そして国や地方自治体は、情報開示やチェック機能の役割を担い、しかもそのチェックも、設立の基準というよりむしろ、全国的な試験の実施と結果の公表といったようにパフォーマンスのチェックに極力限定した方がよい。いいかげん「社会主義」的な体制から脱皮しなければ、日本の教育はどうにもならないところに来ている。

イギリスのエリート教育

山折　やはり一番大事なのはエリート、リーダー教育だと思います。日本ではとりわけ教育のこの部分が、事実としてねじ曲げられ、また基本となる考えの次元でもおかしくなっている。モデルとしていつも思い浮かべるのは、イギリスのパブリックスクールです。私自身はパブリックスクールに実際に関わったことはありませんが、池田潔さんの『自由と規律――イギリスの学校生活』（岩波新書、一九六三年）という書物などを見ても、その拠って立つところがよく分かる。

われわれの社会で言えば中高生の時期ですが、あの時期の子供たちの教育としてはとても厳しい。衣食住の生活全般にわたって「規制」と「強制」を徹底した教育で、自由意志など一切認めない。「欲望のままやりたい」「らしく生きたい」、そういうものをすべて禁欲させる。私などが読んでも本当に息が詰まるような毎日です。ところがパブリック・スクールを卒業し、ケンブリッジやオクスフォードなどの大学に入れば、もう紳士の扱いです。この落差、この通過儀礼のようなものが、やはりエリートやリーダーの育成には非常に重要だという気がします。

パブリックスクールの教育は、中世以降の修道院での規律ある生活をモデルにしています。そうして幼い頃から禁欲的な生活を叩き込み、それに耐えた人間を今度は紳士として扱う。これこそ人間教育の妙です。

近代日本におけるエリート教育の歪み

山折　そうした影響も受けて明治国家の指導者たちも、例えば旧制高校をつくろうとしたのだと思いますが、やはり思い違いをしている。とりわけ私より上の世代には旧制高校にある種のノスタルジーを感じる人が多く、「あれこそ真の教養教育だった」とか「戦後の教育で否定してしまった教養教育をもう一度やり直さなければ」と言うわけですが、それは全く違うだろうと思います。

というのも、戦前の旧制中学・旧制高校というエリート教育で教えようとした教養の中身というのは、基本的に近代ヨーロッパの教養にすぎなかったからで、「弊衣破帽」と言っても、これでは「近代ヨーロッパ的な知性」を振りかざす、変形したエリート意識を生み出すだけだった。そうしていいかげんな指導者をつくっていってしまった。

中世ヨーロッパ以降の修道院教育に相当するものが日本の伝統にあるとすれば、それはむしろ曹洞宗の永平寺であったり天台宗の比叡山で行われてきたことでしょう。ところが明治以降の日本の中高等教育ではこうしたものは全否定される。代わりに例えば禅宗の規律を山縣有朋が陸軍教育に導入する。そういうボタンのかけ違いです。宗教的禁欲の教育が、逆に軍隊でのいじめに直結するような偏頗な形に歪められ、他方、高等教育の世界では、例えば永平寺における雲水（修行僧）たちの生活から学ぶといった態度が出てこない。これがイギリスのエリート教育との決定的な違いです。もちろん戦前の旧制中学・旧制高校にもよいところはありますが、そもそも基本となる考えがおかしいわけです。

明治以前の日本には、とりわけ京都、大阪にはお寺以外にも個性的な教育機関がたくさんありました。伊藤仁斎の古義堂、頼山陽の青山社、緒方洪庵の適塾、中井竹山の懐徳堂……。これらの私塾はすべてエリート教育であって大衆教育ではない。エリートをきちんと教育すれば、大衆もそれに学ぶという構造でしょう。そこを全く同じにしようとするからおかしくなる。ですからいろいろ多様で個性的な教育機関が生まれることこそ重要であって、榊原さんのお考えに大賛成です。

現代日本におけるエリート教育の不在

榊原　とりわけ若いうちに「住み込み」であったり「全寮制」の形で生活全般の中で教育するというのが重要ですね。日頃から言っていることですが、ある空間に閉じ込めて強制的にでないとうまく教えられないことがある。「放し飼い」では決してうまくいきません。

山折　それとエリート教育を受けた人間は、やはり人に先んじて犠牲になるという精神をも同時に教えなければならない。そこも「平等主義」になってしまっているからおかしくなる。

榊原　まさにそうですね。欧米のエリート教育でも、ノブレス・オブリージュということを徹底的に叩き込む。それだけのものを得ているからこそ何かのときには先じて犠牲になるというのは、本来、エリートの定義そのもので、単なる優越意識などではない。ところがいままでは世の中に「エリート」という言葉を使うこと自体に抵抗がある。そこでわれわれも「リーダー育成塾」の活動を行おうとしたとき、本来「エリート」という言葉を使いたかったわけですが、仕方なしに「リーダー」という言葉を使わざるを得なかった。

こうした言葉の問題を脇に置いても、事実として、各分野にリーダーがいなくなってきたというのがいまの日本の現状です。とりわけ政治の世界はどうしようもない。財界も同様で、平岩外四さんのような立派なリーダー、本物の教養人がだんだん少なくなってきた。戦後教育を受けた人たちが各分野のトップになるにしたがってこういう状況になってきているわけで、問題は戦後教育にあった、と思わざるを得ない。

もちろん、エリートやリーダーの育成には時間がかかる。しかし他国を見ていると、韓国でも中国でもインドでもそういう人材が確実に育っている。彼らは必死に勉強していますが、彼らのバックには家族がいる。そして生きるか死ぬかのサバイバルで、もう死にもの狂い。こんなバイタリティに溢れた相手に、いまの日本人がまともにわたり合えるわけがない。日本の将来について、私はこの点に非常に危機感を持っています。何よりもまず精神的にとても戦える状況になっていない。先ほど山折さんがおっしゃった、「日本に芯がない」という問題ですね。潜在的には日本人だって、そういう芯を持っているはずなんですが。

職業意識こそ重要――エリートと職人

――本書の中で榊原さんは「プロフェッショナルとは別に医師や弁護士あるいはシステム・エンジニアだけではない。料理人もホテルのサービスマンもプロであるし、また、パートのスーパーの店員だってプロになることは出来る」と述べる一方、三浦展さん（『下流社会』著者）の「コミュニケーション能力、生活能力、働く意欲、学ぶ意欲、消費意欲、つまり総じて人生への意欲が低い『下流』の若者」という指摘にも言及しながら、「いまや日本は、様々な統計や世論調査でみると意欲が低い国の一つになってしまっている」と述べています。つまり「意欲」というのは、エリートに限らない問題なわけですね。

榊原　「プロ」というのは、日本で言えば「職人」でしょう。職人とかプロの世界というのは、終わりがない。常に学び続ける世界です。常に自分より上を目指すのが「プロ」ですから。そういうプロ意識がどの分野でも希薄になってきた。代わって出てきたのが、先ほどの「らしく」「楽しく」「笑顔で」という世界です。

リーダー層と職人の層に分ければ、もともと日本は、職人の層こそ優れていた。日本のブルーカラーは世界一優秀だと言われ、日本の製造業の飛躍もこのおかげだったわけですが、それも職人世界の伝統を引き継いだからです。ところが、そこがいま崩れつつある。技能や職人意識を若い世代に引き継げないまま、団塊の世代が大量にリタイヤする時期を迎えている。これを何とか維持しないと、いま一番強いと言われている日本の製造業もいずれダメになるはずです。

サービス業も同様です。アメリカなどと比べればまだよいのですが、日本ではサービス業に携わっている人の地位は総じて低い。例えば、日本のフランス料理界で困っているのは、サービスのプロが育っていないことです。フランス料理の世界では、本来、シェフよりもメートル・ド・

テル、つまりサービスを司る人の地位の方が上です。チップの半分はメートル・ド・テルに行く。だから一番収入が多い。店の売上の七％ぐらいがサービス料になる。それに伴ってサービスの質も非常に高い。日本でも、シェフの技術はずいぶん上がったわけですが、サービスの技術はあまり上がっていない。日本料理の店で仲居さんの存在が重要であるように、サービスというのは、本来、とても大事です。ところが日本の飲食業では、近頃、人件費を抑えるという名目でさらにこの部分が軽視されている。

いずれにせよ、リーダー層と職人層の双方が崩壊しつつあるのが今日の日本ですが、この二つがなくなってしまえば社会全体が崩壊してしまいます。

縦軸でしか教えられないもの

山折　何かを伝え教える、ということを考えると、やはり戦後民主主義の問題を考えざるを得ません。戦後六〇年、「人間関係が大事だ」「横並びの平等主義的な人間関係こそ大事だ」と言われ続けてきました。「教師と生徒の関係」も、「親と子の関係」も、「会社での上司と部下の関係」も、すべて「人間関係」だと。半世紀、そう言い続け、その結果、人間関係自体がガタガタになったというのが今日の状況です。

なぜそうなったのか。まさに職人世界に当てはまることですが、垂直の教育軸、垂直の関係軸が無視、軽視されてきたことにこそ問題がある。価値観、世界観、あるいは職業意識や仕事をする上での覚悟などは、やはり師から弟子へといった垂直の関係軸でないと伝達できない。職人の技術・意識・経験といったものは、縦軸でなければ教えられない。しかしこの点が「横並び平等主義」によって忘却されてしまったわけです。

そして今日、そういう縦軸がどんどん失われていったところで、人間関係そのものの不安定さが露呈している。もちろん人間関係において、横の軸は大事、しかしやはり垂直軸も大事。そういう立体的な関係の構築を怠った戦後六〇年だったと言える。これこそ戦後民主主義の一番脆弱なところです。縦軸的なものは、すべて前近代的、軍国主義的だというねじ曲がった観念を植えつけられ、それをいまだ清算できていない。しかし本来、縦軸というのは、民主主義と矛盾しないはずです。

「ひとり」という言葉

山折 それ以上に重大かもしれないのは、いわゆる「個の自立」とか「個性」と言われてきた問題です。戦後六〇年、学校でも、職場でも、家族でも「個の自立」「個性」ということがずっと言われ続けてきた。もちろん個人、個性というのは大事です。しかしこの「個性」という言葉は、輸入語、翻訳語です。しかもヨーロッパでも、たかだか二百年くらいの歴史しか持っていいない。

何も輸入語だから意味がないと言いたいのではない。それはそれで非常に重要な観念で積極的に取り入れてよかったわけですが、同時に「個」とか「個性」に対応する言葉を日本の伝統のうちに探らなければならなかった。それらの言葉を突き合わせ、その対立、葛藤を内面化することを通じて初めて、われわれ自身の「個性」や「個」を考えることができる。そういう努力を日本の教育界は完全に怠ってきた。

では「個」に当たる大和言葉にはどんなものがあるか。似たようなものはいくらでもあるはずですが、私がこれだと思ったのは「ひとり」という言葉です。これはすごい言葉だと思う。『万葉集』から出てきますので、千年の伝統がある言葉です。

柿本人麻呂の「ひとり」

山折　ではその「ひとり」とは何か。二、三の例を引きますと、一つは『万葉集』の柿本人麻呂の「あしびきの　山鳥の尾の　しだり尾の　ながながし夜を　ひとりかも寝む」。愛人が来るのを夜寝ずに待っている、と解釈されていますが、それは友人でもいい、とにかく待ち人がいて、じっとその人間のことを考え続けながら一晩過ごしてしまったけれども、結局、その人は来なかったということでしょう。寂しさ、孤独、悲しみの中で、相手の人間を思いやるという、とても深い、「ひとり」という世界が実にうまく歌われている。この「ひとりかも寝む」というフレーズは、その後『古今和歌集』の時代になっても、いろいろな人が受け継いで、本歌取りをして歌っていますね。日本人というのは「ひとり」という言葉が昔から好きだったんだとわかります。

親鸞の「ひとり」

山折　これが、中世になって決定的な質的展開を遂げる。親鸞の『歎異抄』の中に有名な「弥陀の五劫思惟の願をよくよく案ずれば、ひとえに親鸞一人がためなりけり」という言葉が出てきます。「阿弥陀如来の救済力」というのは、本来万人に降り注ぐはずのものですが、しかし親鸞一個の人間としてみれば、自分だけのためにお授けくださったんだ、と。そういう自覚的な救済感覚が「ひとり」という言葉に込められている。この「ひとり」は、近代ヨーロッパが考えた「個」に限りなく近い。ルターやカルヴァンも、神との関係においてここまでは言っていない。親鸞の言った「ひとり」というのは、国際的に通用し得るもので、極めて日本離れしている。なぜ日本の知識人は、この親鸞の「ひとり」に着目してくれなかったのか。「個性」とか「個の自立」に当たるこんなすばらしい言葉が日本にもあったわけですから。

尾崎放哉の「ひとり」

山折 さらに近代になると、最も短い俳句と言われている、尾崎放哉の「咳をしても一人」というのがある。東京帝国大学の政治学部を出て、東洋生命保険株式会社に就職し、支店次長まで務めたり、保険会社の支配人として朝鮮に赴任したりするのに、結局、家を出て放浪し、お寺を転々とする。その間、俳句をつくり続けるけれども、放浪の果てに結核を病んで咳をしながら死んでいく。最晩年、小豆島の西光寺奥の院南郷庵というところで寺男の仕事をしながら死んでいくわけですが、この句が意味しているのは、咳をしてやがて死ぬ自分が宇宙に包まれて宇宙と一体化する、ということでしょう。非常に深い俳句だと思う。山頭火はこの句を見て、「鴉《からす》鳴いてわたしも一人」という句をつくっていて、「それぐらいなら俺もつくれる」と思うけれども、そうはいかない（笑）。

西洋の「個人」と日本の「ひとり」

山折 いずれにせよ、千年の歴史の中で、非常に多義的な考えを含んだ「ひとり」という言葉が存在してきたわけで、これと近代ヨーロッパが発見した「個人」とを突き合わせることを、実は明治以降にやるべきだった。

とはいえ、明治以降の先人たちがそういう努力を全くしなかったかと言えばそうではない。例えば、日本資本主義の父とも言える渋沢栄一も、「論語算盤主義」ということを言っている。つまりヨーロッパ産の資本主義と儒教を突き合わせている。出光佐三も仏教好きで、仏教資本主義ということを言っている。松下幸之助も、自分の庭園の中に神殿をつくっていて、松下精神は神道資本主義だ、と言えなくもない。明治以降、日本の資本主義を担ってきた人々も、やはり自分の経済活動を何かで裏打ちしようとしてきたわけです。この点を戦後の経済学者や社会学者はほとんど問題にしていない。

「ひとり」を怖がる若者

榊原 「ひとり」というのは、いろいろ考えさせられる、実に深い言葉ですね。

山折 ところが、ある短大の設立に携わった際、久しぶりに高校を卒業したての若い女子学生たちと話す機会があったんですが、彼女たちは「ひとり」になることを極端に嫌がっていた。日本の戦後は、遂に、「ひとり」になること、自立すること、これすら忘却させてしまったのか……、そういう思いになりました。

榊原 いまの子供たちは、「ひとり」になることを怖がっている。先ほどのパブリックスクールでも、集団生活での規律と同時に教えているのは、実は、まず親から離れて「ひとり」になることですね。

自分の経験を言いますと、三十歳ぐらいの頃にある国際機関（国際通貨基金）に勤めたのですが、国際機関はヒラでもすべて個室スタイルです。すると、国際機関に勤めた日本人の三分の一ぐらいが、最初は精神的におかしくなるようです。要するに「ひとり」になることに慣れていない。戦後教育というのは、「ひとり」になることを教えてこなかった。日本の会社も大部屋スタイルですね。やはりイギリス人には「ひとり」を楽しむということがよくわかっている人が多い。それに対し日本人は「ひとり」になることを怖がっている。とくに若者がそうです。

山折 そのことと、いまの携帯文化の弊害が重なっていますね。

榊原 携帯で常にどこかとつながっていないと不安なようです。私が携わっている塾でも、まず携帯を取り上げますが、四日目ぐらいにおかしくなる子がいる。

「ひとり」になれない人こそ他人と比較する

山折 この問題のもう一つの弊害は、「ひとり」になれない人は絶えず他人と比較し、〃比較地獄〃に陥ることです。要するに、嫉妬と妬みの世界。これが、「縦軸の人間関係」と「ひとり」になることの大切さを見誤った、横並びの戦後民主主義がつくりだした世界です。実はこれがイジメにもつながっている。

「ひとり」になることができれば、相手がどうであろうと構わずに「おれはこうだ」となるわけですが、それがないから嫉妬と妬みになり、それがだんだん蓄積されて敵意から殺意になる。いまの日本の社会は、確かに豊かですが、どこか敵意と殺意が充満している社会ですね。これを突き破るには、やはり「ひとり」の自立ということ以外にない。富を平等に公平に分配したところで、つまり社会主義的な理念では解決できない問題です。

榊原 本を読む若者が少なくなってきているというのも、孤独に耐えられなくなっていることと関係がありますね。本は「ひとり」にならなければ読めない。本を読むとは、本に一対一で向き合うこと、そういう孤独に耐えることですから。いま、子供たちが個室で何をしているかと言えば、本を読んでいるのではなく、インターネットや携帯です。

3 「平和」という日本文明の遺産

パックス・ヤポニカ

――とはいえ、若者を叱るだけでも問題は解決しませんね。いまの若者の現状は、日本社会全体の閉塞感や将来への不安を反映しているように思えます。この点は、いかがですか。

榊原 おっしゃる通り、現在、社会全体の先行きが不透明になっている。日本人自身も精神的な基軸を見失っている。しかしこういうときこそ、過去を振り返り、歴史を見る以外にない。

歴史を振り返れば、日本は非常にユニークな文明を持っていると言える。一五〇〇年間も他国の征服を受けたことがなく、平安時代、江戸時代といった合計六百年間もの絶対的な平和の時代を経験している。例えばイギリスなどは、戦争に次ぐ戦争、征服に次ぐ征服を経験してきた国です。こうした国の歴史と比較すれば、日本は総じて平和な文明を築いてきた。この平和な文明を山折さんは、「パックス・ヤポニカ」と名づけられたわけですが、こういう遺産は、多少なりとも今日のわれわれにも引き継がれているはずで、まずこのことを意識することが非常に重要です。

自らのユニークさを自覚することは、決して鎖国をしたり、狭いナショナリズムに走ることではない。かつての「二つのＪ」（内村鑑三）や『茶の本』（岡倉天心）や『武士道』（新渡戸稲造）のように、そのユニークさを世界に発信すればよい。長い目で見れば、日本は多神教の世界で、基本的に多様なものが混交・共存するシステムをつくってきたと言える。そうした歴史的な知恵こそ、二十一世紀の世界で活かすべきです。

例えば外交でも、日本は絶対に核を持たない、攻撃を絶対にしない、軽武装でいい、とはっきり言い切ればよい。そしてアメリカも、ロシアも、フランスも核を放棄すべきと主張し続ければよい。そう言い切ることによって、そう言い続けることによって、むしろ日本の存在感が増すわけですから。しかも、日本の歴史を振り返れば、そう言えるはずです。

平和こそ日本文明の「原蓄」

山折 経済学で「原蓄」（資本の原始的蓄積）という言葉が使われますが、いま榊原さんに言及していただいた「パックス・ヤポニカ」は、ここから発想したものです。文明的な「原蓄」の段階の有無がその国や民族の繁栄の鍵を握る。つまり、明治維新やそれ以降の近代化の成功の背景には、文明的な蓄積があったのではないか。平安時代三五〇年、江戸時代二五〇年の長期にわたる平和な時代こそ、文化・文明的な「原蓄」の時期に当たっていたのではないか。そうした蓄積が深層で継承され続け、その恩恵があったからこそ、明治維新を無血革命、平和的な革命として成し遂げることができたのではないか。

実際、明治維新は、ロシア革命やフランス革命とはかなり性格を異にします。しかしだからと言って、西洋での革命より明治の革命が優れていると言いたいのではない。常に戦争を繰り返してきた近代西洋にとっては、戦争こそ「原蓄」の役割を果たしてきたと言えるからです。

例えば『旧約聖書』の世界も戦いの意志に満ちあふれている。イギリスの現王室の直系にあたるハノーバー王朝も、ドイツ系であって征服王朝です。このように征服したり征服されながら、異質の文化・文明がどんどん入り交じり、それが「原蓄」になる。しかし日本では、おそらく、長く続いた平和こそ、文明的な「原蓄」の役割を果たしてきた。この違いは宗教と国家の関係から生じている。つまり、ヨーロッパでは宗教戦争が示しているように、宗教と国家の相性が悪かった。他方、それに対して日本ではその両者の関係がうまくいっていた。調和がとれていたということです。

日本ではその場合、公家的な文明、公家的な非暴力の外交が大きな役割を果たしていたと思うのです。これからは、この伝統を現代にどう活かすかが問われているのではないでしょうか。われわれもこの伝統に学んでいけば、ガンディーの非暴力とは、一味も二味も違った非暴力戦略をつくり出せるのではないか。私はここに一つの希望を持っています。

中国・朝鮮半島との関係

山折 その場合、具体的には、本書で榊原さんが何度も強調しているように、中国、韓国、インドと日本がどう向き合うか、アジアにおいて日本がポジティブな役割を果たせるか、が問われてくる。

まず東北アジアについて言えば、互いに共通点が多いとはいえ、無視できない違いもある。そういう違いも踏まえた上でのつき合いが必要です。

最も大きな課題は中国文明とのつき合いでしょう。中国文明は、儒教と固く結びついていて、長いあいだ「死者」であっても許さない文明をつくりあげてきた。それが「靖国」の問題ともからみ合って、政治外交の上で困難な課題を生み出してきた。どちらかと言えば、攻撃的な文明で、これと折り合いをつけるのは大変です。アングロサクソンを相手にするような対決をしなければならない面もある。

それから朝鮮半島との関係も容易ではない。向こうが日本に対して抱いている「恨五百年」にどう向き合うのか。また朝鮮半島も中国文明の傘下にあってやはり儒教社会の長い伝統がある。他方、日本は大乗仏教の洗礼を受けて、慈悲と許しの文明が主流でした。要はこのような儒教的価値観と仏教的価値観の間にどう橋をかけるか、という困難な課題に双方が努力して取り組んでいかなければならない。

東北アジアに共通するものとしては、漢字文化圏ということがよく言われますが、これも、漢字を中心とする中国、漢字の影響を強烈に受けながら漢字を否定し独自の文字をつくった韓国、漢字、ひらがな、カタカナが混じる日本、と中身を見るとかなりの違いです。

この三国が、今後互いにどういう関係を築いていくのか。韓国の知人の李御寧《イオリョン》さんは『じゃんけん文明論』（新潮新書）という本を書いて、西洋的二者択一ではなく、誰も勝たず誰も負けないアジア的な三つ巴の思考でいくべきと言っていますが、実際、水面下ではやはり熾烈な争いになるはずです。しかし、そういう構造を見据えながら、榊原さんのいわゆる「パックス・アシアーナ」をどう実現していくかが問われている。

インドとの関係

山折 日本の文明は受信機能が鋭敏な文明ですが、そのため発信機能は脆弱なところがある。「和魂漢才」あるいは「和魂洋才」で、外来のものを自分の背丈に合わせて受容するのは巧みです。しかし今日ではその「和魂」すらどこかに消え去ってしまっている。とても危機的な状況です。

例えばインドは、文化や思想の発信機能に秀でている。仏教にしろ、ガンディーの非暴力にしろ、インド出自の思想がいくらでもある。それから他国の人をインドの大地に引き寄せてインドから発信させる。マザーテレサのような存在がそうです。このような文化・思想の発信という点では、世界に冠たる文明です。その意味で、近頃、「東北アジア共同体構想」がいろいろ言われていますが、やはりインドを始め南アジアとの関係も大事にすべきだと思います。

アジア的尺度

山折 二〇〇六年、パリのユネスコ本部で宗教国際会議が開かれ、出てくれと言われて行ってきたのですが、出席者は、カトリックの歴史学者や神学者が多かった。そこで「なぜイスラム圏を呼ばないのか」と尋ねると、「今回は日本の宗教、日本の文化というものを知りたいからだ」と言われました。つまり向こうは、日本は、中国や韓国以上に、西洋と東洋の双方に開かれた国だという認識を持っていて、そこに関心を抱いているわけです。ここは、日本のポジティブな点として自覚しておいた方がよい。世界で日本の役割を果たしていく上で、こういうイメージは大いに活かし得るからです。

榊原さんとは比べ物にはなりませんが、しばしば参加する国際会議などで体験するのは、議論のための尺度という問題です。こちらの立場をいくら主張しても、いつの間にか「普遍的な尺度」を自称するアングロサクソンの尺度を中心に議論がなされている。とはいえ、これ自体はどうしようもない。私個人としてはひとつの心得として、アングロサクソンとは正面からはけんかしない方がよいと思っています。そういう場面では勝てそうにないからです。

ですから私は、土俵は一つでよい、しかし尺度は二つあるんだと言うようにしています。一つはアングロサクソンの尺度でよい。しかし、もう一つとしてアジアの尺度を持ち出して、二つの尺度を一つの土俵に置いて議論しよう、と。こういう尺度を本当に共有できるまでには、半世紀も一世紀もかかるかもしれない。しかし戦略あるいは戦術としても、こういう議論を始めなければならないときに今きているのではないか。そしてそのときにこそ、「パックス・ヤポニカ」「パックス・アシアーナ」を主張すればよい。

榊原 アングロサクソンの主張する〝普遍性〟に対しては、日本や中国や韓国の個々の尺度ではとても太刀打ちできない。そこはやはりインドまで含めるようなアジア的な尺度を持ち出さないとどうにもならない。いま問われているのは、そういうアジア的な尺度をつくりだせるかどうかですね。

異質なものとの共存

榊原 それと、日本は受信能力が高いゆえに、異質なものもすべて日本化して吸収してしまう。そのため、異質なものと競合したり、コミュニケートする能力が歴史的に欠けている。だからこそ内村鑑三や岡倉天心のようなエリート育成に取り組んで、そういうエリートに発信させなければならない。この問題は、案外、日本にとって重要な気がします。

山折 もしくは、やはり外国人を積極的に受け入れなければだめだということでしょうね。まず難民を受け入れるところから始めなければならない。チベットの問題にしても、欧米におけるチベット人コミュニティは、すでに三世代、四世代になっている。これまで積極的に難民を受け入れ、移民として扱ってきた結果です。この点が日本は脆弱で、だからこそこんどの聖火リレーにみられるように善光寺のようなばか騒ぎになってしまう。

榊原 インドなどは、国民全員が移民みたいなものです。異質なものが異質なままに共存している。だからこそあの国は発信力に長けている。いまの総理大臣のマンモハン・シンも、全人口の一％にすぎないシーク教徒出身です。インド最大のタタ財閥も、ゾロアスター教の流れです。

絶対的少数派が社会の中枢に、しかも絶対的少数派のままに存在している。こんなことは日本ではあり得ない。日本であれば、皆、日本人化されてしまいますから。

山折 社会構造的には、カーストがそういう違いの受け皿になっているわけですね。もちろんカースト社会は善悪両面を持っているわけですが、近代日本の社会科学は、カーストを悪の権化としか見なかった。そうしてインド社会の優れた点、日本が学ぶべき点を見損なっているわけです。

榊原 確かにインドは、われわれが学ぶところが非常に多い。ある意味で、日本とは対極の世界という気がします。日本では異質なものがすべて同化されてしまうのに、異質なものがそのままに分立している。

本来、東京も、アジアに開かれ、アジアの異質な人々が共存するような場になっていなければならない。しかし大学にしても、また私の専門の金融の世界でも、そうなっていない。金融の場合、そうした中心を担っているのは、香港とシンガポールです。そこには欧米を含めて様々な国の人がやって来て、相互にやりとりしている。もちろん香港やシンガポールはイギリスの旧植民地で、英語という利点がある。その点だけでも東京は不利ではあるのですが……。

いかに国境を越えるか

山折 いまは、とくにアーティストやスポーツ選手、こういう人々が国境を越えて、民族を越えて、宗教を越えて活躍していますね。最近関心を持っているのは、演歌を歌ってヒットしているジェロという黒人のハーフです。こういう現象が当たり前のものにならなければならない。しかし、その点では知的世界が一番遅れている。とくに大学などは。

榊原 アーティストやスポーツ選手といった、言葉を使わない人は、皆インターナショナルになっている。しかし、言葉を使う人はダメですね。言葉がネックになっている。

山折 そこを超えていかなければなりません。

榊原 そうです。ですから言葉で、さらには言葉だけでなく存在全体で、世界に向けて日本を発信できるような人づくりをしていかなければならない。日本はこれだけの「原蓄」を持っているわけですから、それも可能なはずです。

山折 それと日本に求められるのは異質なものとの共存ですね。それこそ渡来人文化の千年の伝統があるはずなんですが、黒船以降、どうも日本人はこういう伝統を忘れてしまっているようです。まずは自らの伝統を意識し直すことが重要と思います。

——本日は、長時間、ありがとうございました。

（二〇〇八年四月二四日／於・アークヒルズエグゼクティブタワー　早稲田大学榊原英資教授研究室）

●**山折哲雄**（やまおり・てつお）　一九三一年生まれ。宗教学者。専攻は宗教史、思想史。一九五四年、東北大学印度哲学科卒業。一九五九年、東北大学大学院文学研究科博士課程単位取得退学。元国際日本文化研究センター所長・名誉教授、国立歴史民俗博物館名誉教授、総合研究大学院大学名誉教授。著書に『人間蓮如』（春秋社）『日本仏教思想論序説』（講談社学術文庫）『ガンディーとネルー』（評論社）『日本人の霊魂観　鎮魂と禁欲の精神史』（河出書房新社）『道元』（清水書院）『天皇の宗教的権威とは何か』（三一書房）『霊と肉』（東京大学出版会）『「坐」の文化論』（佼成出版社）『宗教的人間』（法蔵館）『神と仏』（講談社）『愛欲の精神史』（小学館）『日本文明とは何か』（角川書店）『山折哲雄セレクション　生きる作法１・２・３』（小学館）『こころの作法──生への構え、死への構え』（中公新書）ほか多数。

初出一覧

序　世界と日本　書き下ろし
1　ユーロ・円・ドル　連載第1回『環』vol. 17（二〇〇四年春号）
2　日本の低金利と国際金融　連載第13回『環』vol. 29（二〇〇七年春号）
3　金融肥大化とサブプライム問題　連載第16回『環』vol. 32（二〇〇八年冬号）
4　グローバル化とアメリカ化　連載第6回『環』vol. 22（二〇〇五年夏号）
5　二極化するアメリカ　連載第2回『環』vol. 18（二〇〇四年夏号）
6　二極化する世界　連載第15回『環』vol. 31（二〇〇七年秋号）
7　世界経済の構造的変容　連載第4回『環』vol. 20（二〇〇五年冬号）
8　グローバル化の本質と教育の重要性　連載第10回『環』vol. 26（二〇〇六年夏号）
9　鍵を握る農と食　連載第7回『環』vol. 23（二〇〇五年秋号）
10　アジアの新中産階級　連載第3回『環』vol. 19（二〇〇四年秋号）
11　中国経済の今後　連載第8回『環』vol. 24（二〇〇六年冬号）
12　インド経済の今後　連載第9回『環』vol. 25（二〇〇六年春号）
13　世界における中国とインド　連載第12回『環』vol. 28（二〇〇七年冬号）
14　日本はアジアとどう向き合うか　連載第11回『環』vol. 27（二〇〇六年秋号）
15　日本のネオコン　連載第14回『環』vol. 30（二〇〇七年夏号）
16　パックス・ヤポニカとパックス・アシアーナ　連載第5回『環』vol. 21（二〇〇五年春号）
17　「平和」こそ日本的なるもの　連載第17回『環』vol. 33（二〇〇八年春号）
〈対談〉日本の教育を問う！（山折哲雄＋榊原英資）　二〇〇八年四月二一日収録

著者紹介

榊原英資（さかきばら・えいすけ）

1941年生まれ。元大蔵官僚、経済学者。1964年、東京大学経済学部卒業。1965年、大蔵省入省。1969年、ミシガン大学経済学博士号取得。1971年、国際通貨基金（ワシントン）派遣職員。1977年、埼玉大学助教授。1980年、ハーバード大学客員準教授。1991年、大臣官房審議官（国際金融局担当）。1993年、国際金融局次長。1994年、会計センター所長兼財政金融研究所長。1995年、国際金融局長。1997年、財務官。1999年大蔵省退官。その後、慶應義塾大学教授を経て、2006年より早稲田大学教授。インド経済研究所所長も務める。国際金融局長時代、外国為替への積極的な介入を行い、マスコミや為替ディーラー関係者から"ミスター円"と称された。著書に『政権交代』『食がわかれば世界経済がわかる』（文藝春秋）『経済の世界勢力図』『為替がわかれば世界がわかる』（文春文庫）『日本は没落する』（朝日新聞出版）『幼児化する日本社会——拝金主義と反知性主義』『榊原英資　インド巨大市場を読みとく』（東洋経済新報社）『黄金の人生設計図——人生九〇年をどう生きるか』『アジアは近代資本主義を超える』（中央公論新社）『人民元改革と中国経済の近未来』（角川書店）『日本と世界が震えた日』（角川文庫）ほか多数。

大転換《パラダイム・シフト》——世界《せかい》を読《よ》み解《と》く

2008年6月30日　初版第1刷発行©

著者　榊原英資

発行者　藤原良雄

発行所　株式会社 藤原書店

〒162-0041　東京都新宿区早稲田鶴巻町523

TEL　03（5272）0301
FAX　03（5272）0450
振替　00160-4-17013

印刷・製本　図書印刷

Printed in Japan
ISBN978-4-89434-634-5

エマニュエル・トッド入門

世界像革命
〈家族人類学の挑戦〉

E・トッド
石崎晴己編

『新ヨーロッパ大全』のトッドが示す、「家族構造からみえる全く新しい世界のイメージ」。マルクス主義以降の最も巨視的な「世界像革命」を成し遂げたトッドの魅力のエッセンスを集成し、最新論文も収録。**対談・速水融**

Ａ５並製　二二四頁　**二八〇〇円**
（二〇〇一年九月刊）
◇978-4-89434-247-7

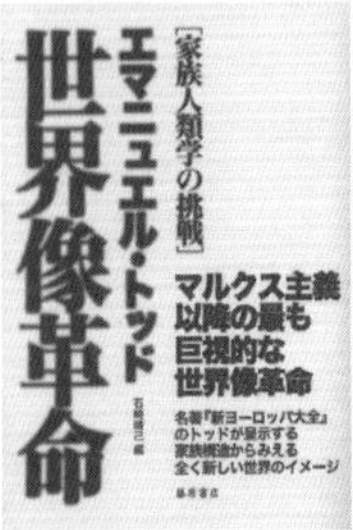

全世界の大ベストセラー

帝国以後
〈アメリカ・システムの崩壊〉

E・トッド
石崎晴己訳

アメリカがもはや「帝国」でないことを独自の手法で実証し、イラク攻撃後の世界秩序を展望する超話題作。世界がアメリカなしでやっていけるようになり、アメリカが世界なしではやっていけなくなった「今」を活写。

四六上製　三〇四頁　**二五〇〇円**
（二〇〇三年四月刊）
◇978-4-89434-332-0

APRÈS L'EMPIRE
Emmanuel TODD

「核武装」か？「米の保護領」か？

「帝国以後」と日本の選択

E・トッド
池澤夏樹／伊勢崎賢治／榊原英資／佐伯啓思／西部邁／養老孟司 ほか

世界の守護者どころか破壊者となった米国からの自立を強く促す『帝国以後』。「反米」とは似て非なる、このアメリカ論を日本はいかに受け止めるか？　北朝鮮問題、核問題が騒がれる今日、これらの根源たる日本の対米従属の問題に真正面から向き合う！

四六上製　三四四頁　**二八〇〇円**
（二〇〇六年一二月刊）
◇978-4-89434-552-2

「文明の衝突は生じない。」

文明の接近
〈「イスラームvs西洋」の虚構〉

E・トッド、Y・クルバージュ
石崎晴己訳

「米国は世界を必要としているが、世界は米国を必要としていない」と喝破し、現在のイラク情勢を予見した世界的大ベストセラー『帝国以後』の続編。欧米のイスラーム脅威論の虚構を暴き、独自の人口学的手法により、イスラーム圏の現実と多様性に迫った画期的分析！

四六上製　三〇四頁　**二八〇〇円**
（二〇〇八年二月刊）
◇978-4-89434-610-9

LE RENDEZ-VOUS DES CIVILISATIONS
Emmanuel TODD,
Youssef COURBAGE